Table des matières

Vorwort

Kommissar Roussel und sein Assistent Lucien werden an zwölf verschiedene Tatorte gerufen, um Verbrechen aufzuklären, die von Betrug, Diebstahl oder Brandstiftung bis hin zum Mord reichen.

Bei der Lektüre der *Kriminalgeschichten* ist sehr bald erkennbar, daß sie fast alle nach einem bestimmten Muster angelegt sind: Ein Verbrechen ist geschehen, es gibt eine Reihe von Zeugen; das Motiv für das Verbrechen wird angedeutet; eine der auftretenden Personen verrät sich als Täter durch einen winzigen Hinweis; der Leser wird noch eine kurze Zeit im Ungewissen gelassen, dann schließt sich die Frage an, durch welches Detail sich der Täter verraten hat.

Dem aufmerksamen Leser wird es nach kurzer Zeit ein Leichtes sein, dem Täter auf die Spur zu kommen und ihn schließlich zu überführen. Außerdem sind die *Verständnisfragen* so angelegt, daß sie Hilfestellung bei der Auflösung geben.

Die *unbekannten Wörter* werden im Anschluß an die einzelnen Geschichten auf Französisch erklärt. Darüber hinaus werden die Wörter noch einmal am Schluß des Heftes in alphabetischer Reihenfolge mit ihrer deutschen Bedeutung angegeben.

Die *Übungen* zur Benutzung eines einsprachigen Wörterbuches im Anschluß an die ersten fünf Texte versetzen den Leser ferner in die Lage, die übrigen Geschichten weitgehend selbständig zu erschließen. Im Anschluß an die Verständnisfragen werden noch einmal diejenigen Kapitel der französischen Grammatik angesprochen, bei denen erfahrungsgemäß am leichtesten Fehler unterlaufen. In einem ausführlichen Übungsteil am Ende des Heftes besteht ferner die Gelegenheit, Schwierigkeiten auszuräumen und den richtigen Gebrauch grammatischer Erscheinungen einzuüben.

Wir wünschen dem Leser viel Spaß und möchten ihn anregen, im Anschluß an die Lektüre selbst einmal eine Kriminalgeschichte zu schreiben.

1. Pauvre Basile!

C'était une très chaude journée d'été. Le commissaire Roussel, les pieds sur son bureau, semblait dormir. Lucien, son assistant, le regardait attentivement. Il attendait. Tout à coup le commissaire se redressa et, après un moment, dit:

– J'ai trouvé la solution dans l'affaire Urbain. Reconstruisons l'affaire dans ses grandes lignes. Un beau jour, le marchand Basile Urbain est trouvé asphyxié dans sa chambre – probablement à l'aide d'un oreiller. Les fenêtres de sa chambre sont fermées. Le meurtrier doit donc être entré par la porte. Sur la poignée nous n'avons pourtant trouvé aucune empreinte digitale. Le meurtrier a essuyé la poignée. Voilà les faits. Et voilà ma question: Qui a essuyé la poignée?

Avant de répondre l'assistant réfléchit. Puis il dit:

– Ou la gouvernante ou le neveu d'Urbain, Jean Pasquier, ou bien le voisin, Pierre Dorat. Il n'y avait personne d'autre dans la maison.

– Oui, je sais, Lucien, dit le commissaire. Mais qui est le coupable? La gouvernante? Comme tous les soirs à la même heure, c'est-à-dire vers 22 heures, elle a apporté à Urbain un verre de lait chaud au lit.

C'est ici que l'assistant l'interrompit:

– Et c'est elle la dernière qui a vu Urbain vivant.

Roussel hésita. Au bout d'un moment il continua:

– Seul le meurtrier – ou la meurtrière – peut être la dernière personne qui a vu le pauvre Urbain vivant. C'est clair?

Lucien respira profondément.

– La gouvernante a dit qu'elle avait vu le neveu entrer vers 22h15 dans la chambre de son oncle.

– Oui, mais le neveu prétend pourtant avoir quitté son oncle peu avant 22 heures, continua le commissaire. Il a dit que la gouvernante s'était certainement trompée d'heure, ou bien qu'elle essayait de lui mettre le crime sur le dos. Nous savons qu'ils ne s'entendent pas bien. Mais alors la question se pose: Que faisait le neveu si tard dans la chambre de son oncle?

– Il a dit que celui-ci aimait bien bavarder encore un peu avec lui avant de s'endormir.

– Il reste donc le voisin, M. Dorat. Il dit avoir lu un roman policier après le dîner jusqu'à 22 heures. Puis il a éteint sa lampe et s'est endormi. Dans son cas non plus nous ne pouvons prouver le contraire. Mais d'après ce que nous avons appris, tous les trois avaient une raison de tuer Urbain: la gouvernante, parce qu'Urbain avait ruiné son frère à l'aide de transactions; le neveu parce qu'il avait des dettes de jeu et qu'il est le seul parent encore vivant d'Urbain, donc le seul héritier; et enfin le voisin, M. Dorat, parce qu'il était l'administrateur des biens d'Urbain et qu'il s'était engagé dans des histoires de spéculation dont Urbain n'avait aucune idée.

Le commissaire se mit à rire quand il vit le visage étonné de son assistant.

– Mon ami, pour moi l'affaire est classée: je sais qui a tué le pauvre Basile.

Vocabulaire

7 **asphyxier** [asfiksje] étouffer, donner la mort en arrêtant la respiration – 8 **un meurtrier** un assassin, celui qui tue – 9 **la poignée** où on met la main pour ouvrir une porte – 10 **les empreintes digitales** traces laissées par les doigts et qui permettent d'identifier qn – 15 **le coupable** personne qui commet un délit, un crime – 20 **vivant, -e** qui vit, est en vie – 27 **prétendre** dire, affirmer – 30 **mettre le crime sur le dos de qn** prétendre que l'autre a commis le crime – 33 **bavarder** parler beaucoup, causer – 41 **la dette** l'argent qu'une personne doit à une autre – 42 **un héritier** personne qui reçoit la fortune d'un parent quand celui-ci meurt – 42 **un administrateur** personne qui s'occupe de la fortune d'autres personnes – 43 **les biens** *ici* la fortune – 47 Pour moi, **l'affaire est classée** je considère l'affaire comme terminée.

A. Compréhension du texte

1. Comment Basile Urbain est-il mort?
2. Pourquoi est-ce qu'il n'y avait pas d'empreintes digitales sur la poignée?
3. Combien de personnes étaient dans la maison au moment de la mort d'Urbain? Dites lesquelles.
4. Qu'est-ce que la gouvernante faisait tous les soirs?
5. Qu'est-ce qu'elle apprend au commissaire Roussel?
6. Comment Jean Pasquier réagit-il?
7. Qui héritera la fortune d'Urbain? Pourquoi?
8. Pour quelles raisons les personnes du texte auraient-elles pu tuer Urbain?
9. «Qui a essuyé la poignée?» (11): Dans quelle mesure la réponse à cette question est-elle très importante? Expliquez.

B. Révision de grammaire: le pronom relatif

I. Mettez le pronom relatif qui manque.

1. Lucien est le monsieur ... aide le commissaire à trouver le coupable.
2. M. Roussel dit à son assistant ... il pense de cette affaire.
3. Voilà la poignée sur ... on n'a pas trouvé d'empreintes.
4. Le neveu prétend avoir quitté la chambre de son oncle vers 22 heures ... semble peu probable.
5. Il a des dettes de jeu ... sont très importantes.
6. La gouvernante ... on ne connaît pas le nom a peut-être essayé de faire accuser le neveu.
7. Quelle est la dernière personne ... est entrée dans la chambre d'Urbain?
8. M. Lucien ne sait pas encore ... le commissaire a trouvé.
9. Le commissaire s'est posé de nombreuses questions ... la plus importante est: «Qui a essuyé la poignée?»
10. Le soir, le neveu avait l'habitude de bavarder avec son oncle ... faisait plaisir à ce dernier.

II. Reliez les phrases suivantes par un pronom relatif.

1. Un crime effroyable a été commis. On ne connaît pas encore l'auteur de ce crime.
2. Lucien aide le commissaire dans ses enquêtes. Cela lui plaît beaucoup.
3. Lucien regarde le commissaire. Celui-ci vient de mettre ses pieds sur le bureau.
4. «J'ai trouvé la preuve; j'avais besoin de cette preuve,» dit le commissaire.
5. Devant la chambre de son patron, la gouvernante a vu un homme. Elle l'a reconnu.
6. Jean Pasquier va hériter la fortune de son oncle. Cette fortune est très grande.
7. Le voisin est aussi l'administrateur des biens de Basile. Il s'est engagé dans des histoires de spéculation avec l'argent de son patron.
8. «D'autre part, nous avons examiné la porte. Nous n'avons trouvé aucune empreinte digitale sur la poignée de la porte.»
9. «Le meurtrier ne voulait pas laisser ses empreintes sur la poignée. Cela aurait pu le trahir.»
10. «C'est une idée excellente! Je n'y avais pas pensé.»

C. Emploi du dictionnaire (1)

Dans un dictionnaire les mots sont présentés dans l'ordre alphabétique. Si deux mots commencent par une lettre identique (**r**ang, **r**ond), il faut examiner la deuxième lettre (r**a**ng, r**o**nd), la troisième (ra**d**io, ra**n**g), etc.

Classez les mots suivants dans l'ordre alphabétique.

1. (1) chaud	2. ( ) héritier	3. ( ) faux
(3) gouvernante	( ) chambre	( ) faute
(2) dos	( ) bavarder	( ) réfuter
(5) poignée	( ) parent	( ) refuser
(4) oreiller	( ) cas	( ) réveiller
4. ( ) pourtant	5. ( ) chose	6. ( ) vert
( ) prétendre	( ) cas	( ) ver
( ) plus	( ) comment	( ) vers
( ) probable	( ) combien	( ) verre
( ) poignée	( ) crime	( ) verser

2. Détective ou escroc?

Jean Delarue, le directeur d'un établissement pharmaceutique, était de mauvaise humeur. Il regarda le commissaire et son assistant Lucien.

– Au cours des six derniers mois, deux de nos concurrents ont produit des médicaments auxquels notre département de recherches travaillait déjà depuis longtemps, répétait-il. Au début nous pensions que c'était un pur hasard. Mais en pensant à ce que le détective privé m'a raconté, je commence à avoir des soupçons. Il me semble bien qu'il y a un espion dans notre établissement.

M. Delarue présenta alors au commissaire la carte de visite que le détective, un certain Charles Deblon, avait laissée. Evidemment le détective privé avait donné à Delarue des informations bien concrètes: selon lui, M. Fourché, le chef de la section de recherche était un espion qui vendait certains renseignements à la concurrence. Le détective était prêt à fournir des preuves si Delarue lui donnait 20.000 francs.

– Si ses preuves sont solides, c'est une petite somme, dit Lucien.
– Oui, mais qu'est-ce qui me prouve que ce monsieur Deblon n'est pas un escroc? Je ne sais que penser. M. Fourché, un espion? Il travaille chez nous depuis tant d'années!
– Est-ce que ce détective ne vous a pas apporté de preuves? demanda le commissaire Roussel.

Delarue réfléchit un moment puis regarda sa montre.
– Pas encore, mais Deblon m'a dit que j'aurais la preuve aujourd'hui encore. Il paraît que Fourché va rencontrer cet après-midi le négociateur d'un de nos plus grands concurrents.

La pendule au mur indiquait un peu plus de 14h30 quand la secrétaire annonça qu'un certain M. Deblon attendait à la réception. Avant de prier M. Deblon d'entrer, M. Delarue laissa au commissaire et à son assistant le temps d'aller dans le bureau d'à côté. Par la porte entrouverte les policiers virent entrer dans la pièce un homme mince, avec une moustache, bien habillé. Il avait à peu près quarante ans.
– Eh bien, M. Delarue, je vous l'apporte, votre preuve. Comme prévu, Fourché a rencontré son «client» dans un bistrot qui se trouve exactement à trois kilomètres d'ici.

Il regarda dans son petit carnet. Au bout d'un moment il continua:
– Ils se sont rencontrés à 13h10 et se sont quittés à 14h05. Ils ont parlé tout le temps. Comme je savais où ils voulaient s'installer, j'avais placé cet appareil sous leur table. Ainsi j'ai pu enregistrer toute leur conversation.

A ces mots il posa un tout petit magnétophone sur la table.
– J'ai fait repasser la bande et puis j'ai écouté toute leur conversation. Croyez-moi, c'est très révélateur! De plus, peu avant leur départ, Fourché a reçu une enveloppe où se trouvaient 1.000 F aux dires de l'autre personne. Maintenant, M. Delarue, si vous voulez écouter la bande, ça ne vous coûtera que 20.000 F. C'est une petite somme quand on pense que la concurrence ...

A ce moment-là le commissaire ouvrit la porte et dit à Lucien:
– Emmenez-le, il est aussi détective que moi boulanger.

Par quel détail est-ce que l'escroc s'est trahi?

Vocabulaire

un escroc [ɛskro] un filou, personne qui vole les gens en leur racontant des choses qui ne sont pas vraies – 1 **un établissement pharmaceutique** une maison qui fabrique des médicaments – 8 **avoir des soupçons** on a des soupçons quand on commence à croire que qn a fait qc de mal – 9 **un espion** *ici* personne qui est payée par la concurrence pour obtenir des renseignements secrets – 15 **être prêt à faire qc** être disposé à faire qc – 15 **fournir** donner, livrer – 15 **une preuve** ce qui sert à montrer que qc est vraie – 18 **prouver** donner comme preuve – 25 **le négociateur** qn qui essaie de mettre d'accord deux personnes, deux partis – 27 **une pendule** petit instrument où on peut lire l'heure – 30 **entrouvert, -e** à peine ouvert – 34 **un bistro(t)** *fam* un café – 43 **révélateur, -trice** qui explique des choses cachées – 44 **aux dires de** d'après ce que qn dit – 50 **se trahir** laisser apparaître ce qu'on voulait cacher.

A. Compréhension du texte

1. La concurrence a produit les mêmes médicaments que Delarue. A partir de quel moment est-ce que celui-ci a des soupçons? Pourquoi?
2. Pourquoi M. Delarue devrait-il payer 20.000 F? A qui?
3. Pourquoi est-ce que M. Delarue a fait venir les policiers?
4. Est-ce que M. Delarue a déjà des preuves solides contre Fourché? Quand est-ce que le détective compte lui en fournir?
5. Pour quelle raison est-ce que les policiers vont dans la pièce d'à côté?
6. Quel genre de preuve est-ce que Deblon apporte à Delarue? Expliquez comment il a fait pour obtenir cette preuve.
7. Pourquoi est-ce que M. Deblon dit que M. Fourché a reçu 1.000 F? Est-ce très intelligent de sa part?

B. Révision de grammaire: l'accord du participe passé

I. Accordez les participes.

1. «Je vous ai *demandé* de venir parce qu'il n'y a que vous qui puissiez m'aider.» dit-il aux policiers.
2. La découverte que l'établissement pharmaceutique Delarue a *fait* était très importante.

3. La secrétaire a *annoncé* M. Deblon.
4. Puis la porte s'est *ouvert* et le détective privé est *entré.*
5. «Les deux hommes se sont *rencontré* dans un bistrot et se sont *installé* à une petite table,» raconte Deblon.
6. «Qu'est-ce qu'ils se sont *dit?*» a demandé Delarue.
7. «Le micro? Je l'ai *mis* sous la table pour enregistrer leur conversation.»
8. «L'enveloppe que Fourché a *mis* aussitôt dans sa poche contenait 1.000 F.»
9. D'après Deblon, la conversation qu'il a *enregistré* est révélatrice.
10. «Ne croyez pas ces histoires! Il les a *inventé,*» dit Roussel.

II. Mettez les phrases suivantes au passé composé.

1. Le commissaire Roussel et son assistant Lucien se rendent chez Delarue.
2. Ils viennent aider le directeur à découvrir un espion ou un escroc.
3. Deblon offre au directeur de lui fournir des preuves.
4. La somme que Delarue accepte de payer à Deblon est de 20.000 F.
5. Les deux policiers sortent du bureau de Delarue en vitesse.
6. Puis ils se cachent dans la pièce d'à côté.
7. Quelles informations Deblon donne-t-il à Delarue?
8. Il sort de sa poche un petit appareil.
9. Combien d'argent Fourché reçoit-il du négociateur?
10. Roussel arrête Deblon et l'emmène au commissariat.

C. Emploi du dictionnaire (2)

Parfois on entend un mot dont on ne connaît pas l'orthographe; ou bien on lit un mot mais on ne sait pas comment le prononcer. Le dictionnaire présente les différentes possibilités d'orthographe d'une lettre p.e. [k] dans **c**ou, **ch**rétien, **k**ilo, **q**ui. La notation phonétique ne marque que ce qu'on entend!

I. En vous servant d'un dictionnaire, essayez de prononcer correctement les mots suivants.

1. coïncidence	3. condamner
2. comptable	4. emmener

5. exact
6. gueuler
7. maximum
8. outil
9. suspect
10. suspense

II. Lisez la transcription phonétique des vingt mots suivants. Puis écrivez les mots en toutes lettres. Si nécessaire, vérifiez-en l'orthographe dans un dictionnaire.

1. [kɔmã] ...
2. [kã] ...
3. [krɔnik] ...
4. [kjɔsk(ə)] ...
5. [kredi] ...
6. [farmasi] ...
7. [fɛr] ...
8. [far] ...
9. [faz] ...
10. [vaz] ...
11. [ymœr] ...
12. [ymur] ...
13. [ãfɛ̃] ...
14. [ãsjɛ̃] ...
15. [ʃak] ...
16. [ʒak] ...
17. [dɸ] ...
18. [dɛ] ...
19. [pwaɲe] ...
20. [pwaɲɛ] ...

D. Travail pratique

Le soir le commissaire raconte à sa femme ce qu'il a fait pendant la journée. Imaginez que vous êtes le commissaire Roussel et racontez votre visite avec Lucien dans l'établissement Delarue.

3. L'affaire du coffre-fort

– Monsieur le Commissaire, je vous en prie, venez immédiatement. Un vol vient d'avoir lieu dans mon entreprise. Je suis ruiné.

Une demi-heure plus tard, le commissaire Roussel et son assistant Lucien entrèrent dans les bureaux de l'entreprise de maçonnerie Jean Dubois. Les douze employés se trouvaient autour de leur patron, tous affolés.

Voilà ce qui s'était passé: L'entrepreneur Dubois avait ouvert son coffre-fort pour y déposer l'argent qu'il venait d'encaisser; à ce moment-là le téléphone sonna dans la pièce d'à côté et, comme personne n'allait répondre, il y alla; quand il revint, l'argent avait disparu du coffre-fort resté ouvert.

Après avoir rapidement examiné la situation, le commissaire dut se dire que pratiquement tous étaient suspects, Jean Dubois comme ses douze employés.

– De quelle somme s'agit-il exactement? demanda Roussel au patron qu'il interrogea en premier.

– Ce matin, je suis allé seul en ville parce que je voulais retirer 500.000 F à la BNP; mais ils n'ont pu me donner que 375.000 F. Sur le chemin du retour je me suis rendu chez deux fournisseurs à qui je devais de l'argent. L'un a reçu 45.000 F et j'ai versé 40.000 F à l'autre.

Dubois avait l'air désespéré. Quand il fut sorti, Lucien dit:

– Peut-être que le vol l'arrange bien quand même!

– On ne peut sûrement pas exclure qu'il ait simulé le vol, ajouta Roussel.

Puis il fit entrer le prochain suspect.

– Je m'appelle François Lemaire, je suis comptable ici, dit celui-ci en se présentant.

– Alors, vous savez comment elle marche, l'entreprise, n'est-ce pas, M. Lemaire?

– Bien sûr, dit Lemaire. En ce moment le vol est vraiment une catastrophe. Mais c'était quand même bête de la part du patron de laisser traîner une telle somme – il s'agissait tout de même de 290.000 F!

– L'argent était déjà passé en compte?

– Mais non! Je n'avais même pas remarqué que le patron était de retour quand celui-ci entra soudain dans mon bureau. Bouleversé, il m'apprit qu'on venait de voler l'argent du coffre-fort.

– Une question confidentielle, M. Lemaire, mais je vous prie de la garder pour vous.

Le commissaire se pencha en avant et dit à voix basse:

– Se pourrait-il que M. Dubois n'ait pas du tout déposé l'argent dans le coffre-fort?

Le comptable rougit d'abord et pâlit ensuite en bégayant:

– Mais ce serait donc ...!

Quand le comptable fut parti, le commissaire s'adressa à son assistant:

– Le reste de l'affaire, je vous le laisse. A vous de jouer!

Comme toujours quand son chef lui demandait de trouver des preuves, Lucien était persuadé que l'affaire était classée. D'ailleurs, il était évident qu'il s'agissait ici d'un vol simulé.

Après l'interrogatoire du dernier employé, rien n'était encore prouvé. Mais bien sûr, cela changerait quand on interrogerait Dubois une nouvelle fois.

Mais à la grande surprise de Lucien, le commissaire ne fit pas entrer l'entrepreneur mais le comptable, et lui dit:

– Eh bien, cher Monsieur, rendez-nous donc cet argent.

Lemaire était tellement stupéfait qu'il avoua aussitôt avoir pris l'argent.

Alors le commissaire, un petit sourire aux lèvres, se tourna vers son assistant qui était aussi ahuri que Lemaire.
– Voyons! Réfléchissez un peu – c'est tout à fait logique.

Vocabulaire

un coffre-fort grande boîte en métal où on dépose son argent pour le protéger contre les voleurs – 4 **une entreprise de maçonnerie** entreprise qui fournit et utilise des briques et du béton pour construire des bâtiments – 6 **affolé, e** être pris de panique – 18 la **BNP** abréviation pour **B**anque **N**ationale de **P**aris – 19 **sur le chemin du retour** ici: en rentrant chez lui – 19 **un fournisseur** qn qui vend, qui livre des marchandises à un client – 20 **verser** payer – 21 **avoir l'air désespéré** avoir l'air de qn qui a perdu tout espoir – 23 **exclure** *ici* refuser l'hypothèse – 23 **simuler qc** faire paraître comme réel ce qui ne l'est pas – 26 **un comptable** qn qui écrit dans des livres ce qu'une entreprise a gagné et dépensé – 33 **passer** (une somme d'argent) **en compte** indiquer dans un livre qu'une certaine somme a été versée ou dépensée – 35 **bouleversé** état dans lequel on se trouve quand on reçoit soudain une très mauvaise nouvelle – 39 **parler à voix basse** contraire de parler à haute voix, parler fort – 42 **bégayer** parler en s'arrêtant après chaque mot ou syllabe – 47 **persuadé** certain – 47 **l'affaire est classée** l'affaire est terminée – 49 **prouver qc** démontrer que qc est vrai – 55 **stupéfait** très surpris – 55 **avouer** dire la vérité – 58 **ahuri** très étonné

A. Compréhension du texte

1. Combien de personnes (le patron inclus) étaient présentes dans l'entreprise au moment du vol?
2. Pourquoi le patron a-t-il laissé le coffre-fort ouvert?
3. En rentrant de la ville, le patron n'a plus sur lui la même somme qu'il a touchée à la banque. Expliquez pourquoi.
4. Pourquoi l'argent n'était-il pas encore passé en compte?
5. Pourquoi M. Dubois aurait-il simulé le vol?
6. Pourquoi Lucien ne croit-il pas à cette histoire de vol?
7. Comment le coupable s'est-il trahi?

B. Révision de grammaire: les pronoms personnels et 'en/y'

Remplacez les mots *en italique* par un pronom personnel ou un adverbe pronominal.

1. Après le coup de téléphone de Dubois, le commissaire et Lucien se sont rendus immédiatement *à son bureau.*
2. M. Roussel veut aider *le patron* à retrouver son argent.
3. Dubois avait versé une partie *de la somme à deux fournisseurs.*
4. Il a déposé l'argent *dans le coffre-fort.*
5. Les employés se trouvaient autour de *leur patron.*
6. Le commissaire a commencé à interroger *les employés.*
7. Lemaire n'avait même pas remarqué *que son patron était de retour.*
8. Il pose beaucoup de questions *aux employés* pour trouver l'auteur *du vol.*
9. Lemaire explique longuement *la situation financière de Dubois au commissaire et à son assistant.*
10. Roussel a posé une *question confidentielle à Lemaire.*

C. Emploi du dictionnaire (3)

Maintenant vous savez trouver un mot dans le dictionnaire. Vous constaterez alors qu'un mot peut avoir plusieurs notations. Par exemple, le mot isolé 'bête' en a deux, car il peut être un nom (**n.**) ou un adjectif (**adj.**). Pour identifier la classe d'un mot, il faut donc le replacer dans son contexte. En ce qui concerne les verbes, le dictionnaire ne marque en général que l'infinitif.

Identifiez la classe des mots *en italique* en employant les abréviations du dictionnaire.

1. Les suspects ont été interrogés les uns *après* les autres. (...)
2. Deblon entra *après que* la secrétaire l'a annoncé. (...)
3. *D'après* le témoignage du patron, il avait tort. (...)
4. Je vous comprends *bien.* (...)
5. Ce sont tous mes *biens.* (...)
6. Il veut fournir *les* preuves. (...)
7. Il *les* a fournies. (...)
8. Les employés travaillent *mal.* (...)

9. Il a *mal* à la tête. (...)
10. C'est tout à fait *logique.* (...)
11. Roussel est connu pour son sens de la *logique.* (...)
12. La caisse? Je ne l'ai pas *vue.* (...)
13. Il a accepté son point de *vue.* (...)

D. Travail pratique

Le commissaire a identifié le voleur. Le même soir, il se rend au commissariat pour faire son rapport. Essayez de rédiger vous-même le rapport.

4. Chantage

Monsieur Leroc'h! Je suis en possession de certaines informations. Si vous ne voulez pas être l'objet d'un scandale, remettez-moi 50.000 F. Je vous téléphonerai mardi soir pour vous donner tous les détails. Et pas de police.

Le commissaire regarda attentivement la lettre anonyme tapée à la machine. Il demanda à Lucien, son assistant:

– Qui est ce monsieur Le ... ?
– Leroc'h, Monsieur le Commissaire – comme *Leroque* – M. Leroc'h est un agent immobilier breton. Il m'a téléphoné hier soir et m'a fait apporter la lettre.

Le commissaire téléphona à M. Leroc'h:

– Vous me téléphonerez immédiatement dès que le maître-chanteur vous aura appelé.

Le mardi soir arriva; il était 20h10. Le téléphone sonna:

– Il m'a téléphoné, dit Leroc'h, très nerveux. Je dois être au café «Babette» près de la gare, à 20h30.

A 20h25 le commissaire et Lucien étaient déjà au 'Babette'. Ils s'étaient installés à une table dans un coin d'où ils pouvaient surveiller tout le café et le hall de la gare. Le commissaire remarqua très vite un monsieur chauve. L'homme semblait attendre quelqu'un. Chaque

fois qu'un client entrait, il levait la tête, inquiet. Tout à coup, le patron du café cria:

– On demande un monsieur Leroc'h au téléphone.

L'homme chauve se leva aussitôt pour aller répondre. Peu après il revint à sa table, paya et se précipita vers la porte.

– Ah, bonsoir cher M. Leroc'h, s'exclama le commissaire quand celui-ci passa près de lui. Vous l'avez trouvée, la jolie petite maison dont je vous avais parlé?

Roussel avait parlé si fort que tout le café pût l'entendre. Heureusement Leroc'h comprit immédiatement et répondit tout aussi fort:

– Venez donc me voir dans mon bureau demain. J'ai trouvé quelque chose; à présent, excusez-moi, j'ai un rendez-vous.

Puis il murmura: «Cabine téléphonique numéro 4!»

Leroc'h quitta le café et entra dans la cabine téléphonique n° 4 de la gare. Quand il sortit de la cabine, il n'avait plus sa serviette. Le maître-chanteur lui avait certainement ordonné de la laisser dans la cabine. Peu après un jeune homme entra dans la cabine et téléphona assez longtemps. Quand il ressortit, il tenait la serviette à la main. Il n'avait pas encore quitté le hall de la gare que le commissaire et Lucien étaient déjà près de lui:

– Excusez-moi, mon nom est Leroc'h. C'est moi qui ai oublié cette serviette dans la cabine n° 4. Bien entendu, vous obtiendrez une récompense pour l'avoir trouvée.

Le jeune homme était complètement ahuri; mais au bout d'un moment, il dit en souriant:

– Pouvez-vous le prouver?

– Oui, dit le commissaire, accompagnez-nous au bureau de police.

Devant l'inspecteur de service, le commissaire alias Leroc'h raconta son histoire et répéta que le jeune homme pouvait même venir chercher sa récompense le lendemain. Sur ce, il se mit à chercher une carte de visite. Mais il n'en trouva pas. Alors il tendit un bloc-notes et un crayon au jeune homme:

– Inscrivez-vous mon adresse, jeune homme; je m'appelle ...

Le jeune homme nota ce que le commissaire lui dicta: «*Pierre Leroc'h, 7, rue St.-Jean.*»

– Ce sera tout, dit le commissaire; je vous arrête pour tentative de chantage.

– Comment ça? s'écria le jeune homme. J'ai trouvé la serviette, mais pas une seconde je n'ai dit autre chose.

– Il a raison, dit Lucien, nous n'avons aucune preuve contre lui.

– Mais si, Lucien, réfléchissez un peu!

Vocabulaire

le chantage action d'exiger de l'argent de qn en le menaçant de dire des choses qui pourraient lui être désagréables – 1 **Leroc'h** [lərɔk] nom d'origine bretonne – 1 **être en possession de** avoir, posséder – 2 **être l'objet de** *ici:* être la cause de – 3 **remettre** donner – 10 **un agent immobilier** qn qui achète et qui vend des maisons – 13 **le maître-chanteur** qn qui fait du chantage – 21 **chauve** qui n'a plus de cheveux – 22 **inquiet, ète** [ɛ̃kjɛ,ɛt] *contraire de* tranquille – 26 **se précipiter** aller très vite, se dépêcher – 27 **s'exclamer** s'écrier – 30 **pût** *imparfait du subjonctif de pouvoir* – 34 **murmurer** parler très bas – 45 **ahuri** très étonné – 49 **alias** [aljɑs] – 51 **une récompense** *ici* argent qu'on reçoit pour avoir trouvé qc – 57 **pour tentative de** pour avoir essayé de

A. Compréhension du texte

1. Comment le commissaire a-t-il appris que M. Leroc'h était la victime d'un chantage?
2. Pourquoi les policiers se sont-ils rendus au café «Babette»?
3. Pourquoi se sont-ils installés dans un coin du café?
4. Par quoi l'attention du commissaire a-t-elle été attirée dans le café? Expliquez.
5. Qui est cet homme? A partir de quand le commissaire en est-il sûr?
6. Pourquoi le commissaire voulait-il se faire remarquer en parlant avec M. Leroc'h à haute voix?
7. Qu'est-ce que le maître-chanteur a demandé à Leroc'h de faire?
8. Est-ce que le jeune homme connaissait personnellement Leroc'h?
9. Pourquoi, à votre avis, le commissaire s'est-il fait passer pour Leroc'h? Qu'en déduisez-vous?

B. Révision de grammaire: l'adjectif/le pronom possessif

Complétez par un adjectif/pronom possessif.

1. Dans un coin du café on trouve le commissaire et Lucien à ... postes.
2. Le jeune homme prétend que la serviette est la ...

3. «Non, monsieur», dit Roussel au jeune homme, «Cette serviette n'est pas la ..., c'est la ...»
4. L'inspecteur de service ne connaissait pas l'affaire dans tous ... détails.
5. Roussel se mit à chercher ... carte de visite.
6. Le commissaire dicte ... nom et prénoms au jeune homme.
7. «En écrivant ... rapport, choisissez bien ... mots,» demande Roussel à Lucien.
8. Le soir, après le travail, le commissaire est heureux de retrouver les ... à la maison, ... femme et ... deux enfants.
9. Le lendemain Roussel et Lucien se retrouvent de nouveau assis derrière ... bureaux.
10. Enfin! Les policiers ont résolu ... quatrième énigme.

C. Emploi du dictionnaire (4)

Complétez la grille suivante en vous servant d'un dictionnaire – si nécessaire.

Nom	Verbe	Adjectif
	pâlir	
		chaud
la consolation		
	ruiner	
		vieux
la surprise		
		révélateur
la grandeur		
	simplifier	
		confidentiel
le soupçon		
	décider	
		traître
la haine		

5. Le colonel en colère

– Depuis trois jours vous saviez que quelque chose de ce genre allait se passer! Et qu'est-ce que vous avez fait? Rien! Absolument rien! Ah! La police! La police! J'aurais dû savoir!

– Il peut s'agir d'une simple coïncidence, dit Lucien poliment.

– Une coïncidence? s'écria le colonel en retraite Dutronc et il montra les ruines de ses écuries où l'on avait mis le feu.

Dutronc était rouge de colère.

– Et ça, c'est un pur hasard, peut-être? On l'a jeté par la fenêtre de ma chambre, il entourait un morceau de brique.

A ces mots il sortit un bout de papier de la poche de son costume. Lucien le prit et lut: «*La prochaine fois c'est votre maison qui y passera.*»

– Cela a été écrit avec la même machine que les autres fois, confirma Lucien.

– Exactement, gueula le colonel. Faites maintenant votre devoir et emmenez cet homme, ce Blanc, avant qu'il ne détruise toute ma maison.

Les lourds rideaux étaient seulement à moitié ouverts et Lucien les ouvrit complètement pour pouvoir jeter un coup d'œil sur l'étendue des dégâts. Au milieu de la fenêtre il découvrit alors un grand trou et

bien que le lit du colonel se trouvât à presque un mètre, la brique avait été lancée avec une telle violence que tout le lit était couvert de morceaux de verre.

Lucien ramassa la pierre qui se trouvait dans le coin le plus éloigné de la pièce. Il devait admettre que l'affaire paraissait assez sombre pour Blanc. Celui-ci était un entrepreneur de construction de la région et il avait acheté un peu de terres pas loin du terrain du colonel; il voulait construire sur cette parcelle. Comme on le racontait dans le village, Dutronc s'était opposé avec énergie à cette décision; entre les deux hommes on en était arrivé à une querelle violente. Puis, il y a trois jours, Dutronc était venu au commissariat de police avec les deux lettres de menace écrites à la machine. Dans les deux on menaçait de brûler les écuries du colonel. Bien sûr, les deux lettres ne portaient pas de signature. Elles étaient anonymes.

– Il ne peut s'agir que de Blanc, je n'ai pas d'autre ennemi, avait dit Dutronc.

Mais Blanc, homme d'affaires d'un âge moyen, niait avec énergie.

– Il est complètement fou! Je n'ai jamais envoyé de lettres anonymes, dit-il à Lucien et au commissaire Roussel venus le questionner.

De retour à la maison du colonel, le commissaire demanda à celui-ci de raconter à nouveau son histoire.

– J'ai été réveillé par un bruit de vitre cassée, expliqua-t-il. J'ai allumé aussitôt ma lampe, il était un peu plus de 8h30. Quand je suis allé à la fenêtre, les écuries étaient déjà en flammes. Quand vous déciderez-vous enfin à arrêter ce Blanc?

– Nous ne le ferons pas, mon Colonel, répondit tranquillement le commissaire. Car vous savez parfaitement que Blanc n'est pas l'incendiaire. Maintenant je vous conseille de téléphoner à votre avocat. Vous en aurez besoin.

Comment le commissaire en arriva-t-il à cette conclusion?

Vocabulaire

5 **la coïncidence** [kɔɛ̃sidɑ̃s] le hasard – 5 **en retraite** qui ne travaille plus et qui reçoit une pension – 6 **où l'on** *l'article ne se traduit pas* – 6 **une écurie** bâtiment où on loge les chevaux – 9 **entourer** *ici* être autour de – 9 **une brique** pierre fabriquée qu'on utilise dans la construction – 15 **gueuler** *fam* crier très fort – 18 **un rideau** pièce d'étoffe devant la fenêtre – 19 **jeter un coup d'œil sur** regarder – 19 **l'étendue** *ici* l'importance – 20 **les dégâts** ce qui est cassé, abîmé, les dommages – 21 **se**

trouvât *imparfait du subjonctif de «se trouver»* – 28 **une parcelle** une portion de terrain – 29 **s'opposer à** être contre – 30 **une querelle** dispute – 37 **nier** rejeter comme faux, *contraire de* «affirmer» – 48 **un incendiaire** personne qui met le feu volontairement à qc

A. Compréhension du texte

1. Pourquoi le colonel est-il en colère?
2. Le lit était couvert de morceaux de verre. Qu'est-ce qui s'est passé?
3. Pour quelle raison Blanc aurait-il mis le feu aux écuries de Dutronc?
4. Qu'est-ce que Dutronc a fait quand le bruit de la fenêtre l'a réveillé? Pourquoi ce détail est-il très important?
5. Pourquoi Dutronc a-t-il inventé toute cette histoire?

B. Révision de grammaire: les compléments du verbe

Complétez – si nécessaire – les phrases suivantes par une préposition.

1. Dutronc se mit ... gueuler quand Lucien lui parla d'une coïncidence possible.
2. Dans les lettres anonymes on avait menacé ... brûler les écuries du colonel.
3. «Quand vous déciderez-vous ... arrêter cet entrepreneur?»
4. «J'aurais aimé ... construire sur cette parcelle,» dit Blanc.
5. Blanc espérait ... pouvoir aider le commissaire.
6. C'est toujours Lucien qui aide le commissaire ... résoudre les énigmes intéressantes.
7. Le commissaire commence à douter ... la sincérité du colonel quand il l'interroge la deuxième fois.
8. Il avait essayé ... faire accuser Blanc.
9. Après l'interrogatoire les deux policiers se sont dépêchés ... noter toutes les déclarations du colonel pour ne rien oublier.
10. Puis ils ont demandé à des collègues ... arrêter le colonel.

C. Emploi du dictionnaire (5)

Après l'identification d'un mot dans son contexte, une autre difficulté peut se présenter: le mot peut avoir plusieurs sens, il est ambigu. Par exemple, le mot 'tableau' (**n.m.**) peut signifier 'peinture' ('il a peint son meilleur tableau') ou 'panneau' ('il regarde le tableau des départs et arrivées des trains') ou bien 'panneau dans une salle de classe' ('Pierre, viens au tableau!'). C'est alors toujours le contexte qui décide du sens d'un mot.

I. *Pour comprendre le sens d'un mot vous pouvez en chercher la définition dans un dictionnaire.*

Marquez d'une croix la définition du mot *en italique.*

1. le colonel en *retraite* Dutronc ... (5)
   a) Recul d'une armée qui craint de perdre ses positions ☐
   b) Défilé militaire ☐
   c) Etat d'une personne qui a cessé son activité professionnelle et qui a droit à une pension ☐
2. les *ruines* de ses écuries ... (6)
   a) Débris, restes d'une construction ancienne ou écroulée ☐
   b) Ecroulement partiel ou total d'une construction ☐
   c) Perte des biens, de la fortune ☐

II. *Les mots, dont les définitions sont parfois très abstraites ou contiennent encore des mots inconnus, sont aussi illustrés par des exemples qui emploient ce mot dans un contexte évident.*

Marquez d'une croix l'exemple qui illustre le mieux le sens du mot *en italique.*

1. jeter un coup d'œil sur l'*étendue* des dégâts (19)
   a) Il pouvait surveiller toute l'étendue du champs. ☐
   b) Pendant toute l'étendue de sa vie il a eu des remords. ☐
   c) Il faut mesurer toute l'étendue de la catastrophe. ☐
2. l'affaire paraissait assez *sombre* ... (25)
   a) La nuit est tombée; il fait sombre maintenant. ☐
   b) La couleur verte est plus sombre que le jaune. ☐
   c) Après son échec au baccalauréat, un avenir sombre l'attendait. ☐

III. *Ce qui peut aussi aider à trouver le sens correct d'un mot, ce sont les synonymes (mots d'un sens identique ou très voisin) ou les antonymes (contraires) d'un mot.*

Soulignez le synonyme convenable du mot *en italique.*

1. Ses dettes de jeu sont très *importantes* (élevées/principales/levées/dressées).
2. Une *raison* (bon sens/jugement/motif/compréhension) de tuer Urbain ...

Soulignez l'antonyme convenable du mot *en italique.*

1. un homme *mince* (haut/grand/gros/élégant)
2. l'antiquaire a vendu un meuble *ancien* (moderne/nouveau/actuel).

D. Révision du texte

Qui parle dans les passages suivants? Expliquez la situation.

1. «Tous mes voisins savent bien que les deux ne peuvent pas se sentir. Je crois que c'est parce que Blanc voulait construire sur cette parcelle. Mais je ne peux pas m'imaginer qu'il ait commis un tel crime.»
2. «Oui, j'aurais eu un motif de le faire. Mais, il y a quelque temps déjà, j'ai acheté une autre parcelle de l'autre côté du village. Cela aurait donc été absurde de ma part.»
3. «Je suis absolument sûr que c'est Blanc qui a brûlé les écuries. D'abord il y avait cette querelle entre eux, puis Blanc l'a menacé, puis il a fait ce qu'il avait promis de faire.»
   «Non, une petite erreur de calcul l'a trahi.»

6. Le sac à main

– Ce n'est pas tant à cause de mon porte-monnaie que je m'inquiète, se plaignit Marie Leclerc, mais à cause de la bague de ma mère. Comment a-t-elle pu me la voler!

L'accusation de la vieille fille était dirigée contre une jeune fille. Celle-ci, désespérée, se tourna vers le commissaire:

– Je vous en prie, ne la croyez pas! supplia Anne Fabre.

Henri Crochet, directeur général de la «Société Exportatrice Crochet», s'adressa à Marie Leclerc qui était sa secrétaire depuis de longues années:

– Voyons, Mademoiselle. Ne vous faites pas de soucis. Vous savez bien que nous sommes assurés.

– Vous pensez sans doute que seule la valeur matérielle de la bague m'intéresse! interrompit-elle. Mais je dois vous rappeler que c'est vous qui avez accepté d'engager cette professionnelle du vol!

Lorsque la jeune fille aux cheveux bruns avait été libérée après une courte peine de prison pour vol à l'étalage, les autorités avaient convaincu Henri Crochet de lui donner un emploi dans son entreprise. Le commissaire était debout, derrière le bureau de Marie Leclerc. Il regardait par la fenêtre l'eau grise et sale du port qui s'étendait trois étages plus bas.

– Racontez-moi encore une fois le déroulement de cette histoire, demanda le commissaire à Marie Leclerc.

Celle-ci regarda son mouchoir.

– J'étais partie manger seule en laissant cette fille ici, sanglota-t-elle. Elle devait encore taper une lettre. Alors que je descendais l'escalier, j'ai remarqué que j'avais oublié mon sac à main. Je suis remontée et j'ai poussé la porte; Mademoiselle Fabre était à la fenêtre, justement à la place où vous êtes, Monsieur le Commissaire. C'est alors que j'ai vu que mon sac à main se trouvait sur la table à moitié ouvert.

Elle désigna un sac à main élégant. Bien qu'un paquet de mouchoirs en papier en cachât presque tout le contenu, on pouvait quand même reconnaître un carnet de chèques.

– Cela est faux, protesta Anne Fabre. Mademoiselle Leclerc est partie manger; mais elle est revenue au bout de quelques instants en entrant brusquement dans le bureau. Puis elle m'a accusée du vol.

Le téléphone sonna. Lucien décrocha. Il écouta un instant et raccrocha.

– C'était le concierge. Il dit qu'ils ont trouvé un porte-monnaie dans le port. Ils disent qu'il est possible qu'il ait été lancé d'une de ces fenêtres.

– Nous remettrons le sac à main à nos experts qui pourront peut-être analyser les empreintes digitales, dit le commissaire.

– Vous y trouverez ses empreintes; je n'en ai pas le moindre doute, dit Marie Leclerc. Voyez-vous, Monsieur le Commissaire, je sais qu'après un vol on ne doit toucher à rien jusqu'à ce que la police arrive.

En effet Marie Leclerc avait raison. Les empreintes d'Anne Fabre se trouvaient bien sur le sac.

Alors Anne Fabre avait expliqué à Lucien que mademoiselle Leclerc l'avait priée le matin même de lui donner le stylo à bille qui se trouvait dans le sac à main.

– Mais, à mon avis, cela n'est pas très convaincant, ajouta Lucien.

– Au contraire, je trouve que cela est tout à fait vraisemblable, répondit le commissaire. Il était indispensable pour Marie Leclerc d'avoir les empreintes de la jeune fille sur son sac afin de rendre son histoire plausible.

Comment le commissaire en arriva-t-il à cette conclusion?

Vocabulaire

5 désespéré *ici* qui a perdu tout espoir, très découragé – 6 **supplier** prier qn avec insistance de faire qc – 11 **assuré** *ici* faire partie d'une assurance. Si vous êtes assuré contre le vol, l'assurance vous rembourse les objets volés. – 14 **engager qn** *ici* donner un emploi à qn dans son entreprise – 15 **libérer** mettre en liberté, faire sortir de prison – 16 **le vol à l'étalage** vol commis dans un magasin – 24 **sangloter** pleurer bruyamment – 31 **désigner** indiquer du doigt – 31 **bien que ... cachât** *imparfait du subjonctif de «cacher»* – 43 **des empreintes digitales** traces laissées par les doigts – 44 **le moindre** le plus petit – 54 **vraisemblable** ce qui semble vrai – 57 **plausible** ce qui peut ou doit être cru

A. Compréhension du texte

1. Pourquoi, selon M. Crochet, la perte de la bague n'est-elle pas si grave?
2. Pourquoi était-il difficile pour Anne Fabre de trouver un emploi?
3. Comment Marie Leclerc explique-t-elle le fait qu'elle soit remontée dans son bureau?
4. Pourquoi est-ce qu'il y a les empreintes d'Anne Fabre sur le sac à main de Marie Leclerc?
5. Qu'est-ce qui a frappé l'attention du commissaire dans la déclaration de Marie Leclerc?

B. Révision de grammaire: le discours indirect

Transformez au discours indirect.

1. Marie Leclerc se plaignit: «Ce n'est pas tant à cause de mon porte-monnaie que je m'inquiète mais à cause de la bague de ma mère.»
2. Marie Leclerc demanda à Anne Fabre: «Rendez-la-moi, la bague!»
3. Le commissaire demanda: «Racontez-moi encore une fois le déroulement de cette histoire!»
4. Marie Leclerc déposa: «Je suis remontée et j'ai poussé la porte. Je l'ai vue près de la fenêtre.»
5. Anne Fabre affirma: «Tout ce qu'elle vous a raconté est faux.»
6. Elle supplia: «Ne la croyez pas!»
7. M. Roussel demanda au patron: «Quand est-ce que vous lui avez donné cet emploi?»

8. Il voulait savoir: «Combien d'employés avez-vous dans votre entreprise?»
9. Après le coup de téléphone Lucien dit à Marie Leclerc: «On a trouvé votre porte-monnaie et on va vous le rendre tout de suite.»
10. En s'adressant au commissaire Marie Leclerc affirma: «Vous y trouverez les empreintes d'Anne Fabre.»
11. Lucien ajouta: «Anne Fabre nous a expliqué pourquoi il y a ses empreintes sur le sac à main.»
12. Le commissaire dit à Marie Leclerc: «Vous avez simulé le vol de votre bague.»
13. Le commissaire reprocha à la secrétaire: «Vous avez essayé de me fournir de fausses preuves.»

C. Révision du texte

Qui parle dans les passages suivants? Expliquez la situation!

1. «Ça pose naturellement quelques problèmes. Je me demande comment les autres employés vont réagir quand ils apprendront que vous sortez de prison. Et puis qu'est-ce qui me prouve que vous n'allez pas recommencer à ... Mais passons ... les autorités m'ont convaincu de vous donner une chance: Voici votre bureau, vous commencez demain matin!»
2. «Ce qui est passé, est passé. Ne trouvez-vous pas qu'on devrait donner une chance à cette jeune fille? Je la connais assez longtemps maintenant. Vous ne risquez rien, je vous l'assure. Cet emploi est exactement ce qui lui convient.»
3. «Allô? ... Ah, c'est vous! Qu'est-ce qu'il y a? ... Quoi? Un porte-monnaie? ... Où ça? ... Ah, bon, je vais informer le commissaire tout de suite.»

D. Commentaire personnel

Les repris de justice ont souvent de grandes difficultés quand ils sortent de prison. Discutez des différents problèmes auxquels ils sont confrontés.

7. Le document

Le train rapide venait de sortir d'un tunnel long de plusieurs kilomètres dans un bruit effroyable. Tout à coup, un homme fort, aux joues rouges, qui serrait une grande serviette tout usée contre lui, ouvrit la porte du compartiment:

– Vous êtes bien le commissaire Roussel, n'est-ce pas? demanda-t-il. Vous ne me connaissez pas; mais moi, je vous connais; j'ai assisté une fois à l'un de vos cours qui portait sur la prévention de la criminalité. Mais je crains qu'à présent il ne soit déjà trop tard pour moi.

Alors que le commissaire et son assistant Lucien se regardèrent ahuris, le monsieur s'assit en face d'eux. Il dit qu'il était Jean Munot, marchand de documents et de manuscrits rares; il ouvrit sa serviette dans laquelle se trouvait une douzaine d'enveloppes brunes, toutes pareilles.

– Je les ai achetées ce matin au cours d'une vente aux enchères qui avait lieu dans un domaine à la campagne, expliqua-t-il. Mais on vient de me voler mon acquisition la plus précieuse, un document rare du 14e siècle.

Munot continua son récit: le marchand Pascal Defives, son concurrent, était arrivé en retard à la vente aux enchères et n'avait pu

acquérir ce document. Immédiatement après, il avait prié Munot de le lui vendre; celui-ci avait refusé. Plus tard, Munot et Defives s'étaient retrouvés dans le même train et s'étaient installés dans un compartiment vide. Defives était même très aimable; l'incident du matin semblait être oublié. Soudain le train entra dans le long tunnel. Mais les lumières ne s'allumèrent pas dans le compartiment.

– L'occasion pour lui était venue et il l'a saisie, continua Munot. Le train faisait un tel bruit dans le tunnel que je n'ai pas entendu Defives ouvrir ma serviette qui se trouvait à côté de moi sur la banquette. Lorsqu'il a fait à nouveau clair, j'ai eu juste le temps de le voir quitter le compartiment en courant. C'est là que j'ai aperçu que la boucle de ma serviette n'était pas bien fermée.

Le commissaire fit un signe de tête, l'air pensif. Il regarda attentivement la serviette de Munot.

Les trois hommes parcoururent le train afin de trouver Defives. Ils le trouvèrent enfin dans un compartiment presque tout au bout du train. C'était un petit homme mince d'un comportement querelleur. Il reconnut que lui et Munot étaient concurrents, ennemis même depuis des années, mais il nia le fait de s'être emparé du document. En effet, sa version de ce qui s'était passé au moment où le train était entré dans le tunnel était toute différente de celle de Munot.

– Les lumières ne se sont pas allumées, affirma-t-il. J'ai remarqué que quelque chose bougeait et j'ai vu que Munot avait ma serviette. Nous nous sommes disputés et j'ai décidé de changer de compartiment.

D'abord Defives ne voulut pas donner sa serviette au commissaire, mais celui-ci finit par convaincre Defives de l'ouvrir.

Dans la serviette se trouvait – parmi des catalogues et d'autres papiers – une enveloppe brune, sans inscription, semblable à celles que Munot avait montrées au commissaire.

– Je savais bien que c'était lui le voleur! s'écria Munot, l'air triomphant.

– C'est la première fois que je vois cette enveloppe, protesta Defives. C'est lui qui a dû la mettre dans ma serviette afin de me rendre suspect.

– Eh bien, dit le commissaire calmement, nous avons donc deux versions différentes pour un même événement. Mais nous savons qui est le menteur, n'est-ce pas Lucien?

Lequel des deux marchands a menti, d'après le commissaire?

Vocabulaire

2 **effroyable** *ici* si important qu'il fait très peur – 3 **usée** qu'on a beaucoup utilisée – 7 **porter sur** avoir pour sujet – 7 **la prévention de la criminalité** mesures qui peuvent empêcher un crime – 9 **ahuri** très étonné – 14 **au cours de** pendant – 14 **une vente aux enchères** vente pendant laquelle on offre une somme d'argent supérieure à celles qui ont été faites précédemment – 16 **une acquisition** ce qu'on vient d'acquérir – 20 **acquérir** devenir propriétaire de qc – 23 **un incident** ce qui s'est passé de désagréable – 31 **une boucle** *ici* objet métallique qui sert à fermer la serviette – 32 **pensif** quand on est plongé, absorbé dans ses pensées – 36 **le comportement** manière de se conduire – 36 **querelleur, -euse** qui cherche la dispute – 38 **s'emparer de qc** prendre qc sans demander la permission – 56 **un événement** ce qui arrive, ce qui se passe

A. Compréhension du texte

1. D'où est-ce que Munot connaissait le commissaire?
2. Où a-t-il acheté le document du 14e siècle?
3. Pourquoi le concurrent de Munot n'a-t-il pas pu acheter ce document?
4. Sur le chemin du retour Munot et Defives se trouvaient dans le même compartiment. Qu'est-ce que Munot a remarqué de particulier dans le comportement de Defives?
5. Qu'est-ce qui s'est passé dans le long tunnel – d'après le témoignage de Munot?
6. Comment Defives explique-t-il sa sortie précipitée du compartiment?
7. Qu'est-ce que le commissaire a trouvé dans la serviette de Defives? Comment celui-ci réagit-il?
8. Lequel des deux marchands a menti? A votre avis, quel en est le motif?

B. Composition du texte

1. Divisez le texte en paragraphes. Donnez un titre à chacun de ces paragraphes.
2. Où le point culminant du texte se trouve-t-il? Trouvez des arguments pour votre réponse.

C. Révision de grammaire: le pronom interrogatif

Posez des questions se rapportant aux expressions *en italique.*

1. *Munot* connaissait le commissaire.
2. Lucien n'avait jamais vu *Munot* avant cette rencontre.
3. Le marchand avait acheté le document rare *à une vente aux enchères.*
4. Il parla longtemps *de son document.*
5. C'est un document rare du *14*^e^ siècle.
6. Dans la serviette usée de Munot se trouvaient à peu près *douze* enveloppes semblables.
7. Il accusa Defives *du vol de l'enveloppe brune.*
8. Munot s'est adressé *au commissaire* pour que celui-ci arrête son concurrent.
9. Munot avait peur *de ne plus revoir le précieux document.*
10. Le commissaire réfléchit *à toute l'affaire.*

D. Révision du texte

Qui parle dans les passages suivants? Expliquez la situation.

1. «Article 23: Voici maintenant un exemplaire très rare. Il s'agit d'un document écrit vers la fin du 14e siècle. Le vendeur offre cette rarité à 17.000 F. – 17.500 F! – 18.000 F. – 18.500! – Pas plus? – 18.500! – une fois – deux fois – trois fois! Alors, l'exemplaire à 18.500 F pour M. Munot! Continuons! Article 24: ...»
2. «Comment! C'est déjà fini? Malheureusement je n'ai pas pu venir plus tôt. Ne me dites pas que ce manuscrit est déjà vendu! Quoi? Ce n'est pas possible! C'est vous qui l'avez acheté! Vendez-le-moi donc, je vous en supplie! Demandez ce que vous voulez, mais vendez-le-moi.»
3. «Je vous en prie, Monsieur. Comprenez-moi. Ce n'est qu'une simple formalité. Si – comme vous le prétendez – ce monsieur raconte vraiment des histoires, vous n'avez rien à cacher. Aussi, ce que je vous demande de faire, je vous demande de le faire dans votre propre intérêt.»

E. Travail pratique

Imaginez un dialogue vivant entre un antiquaire et un client.

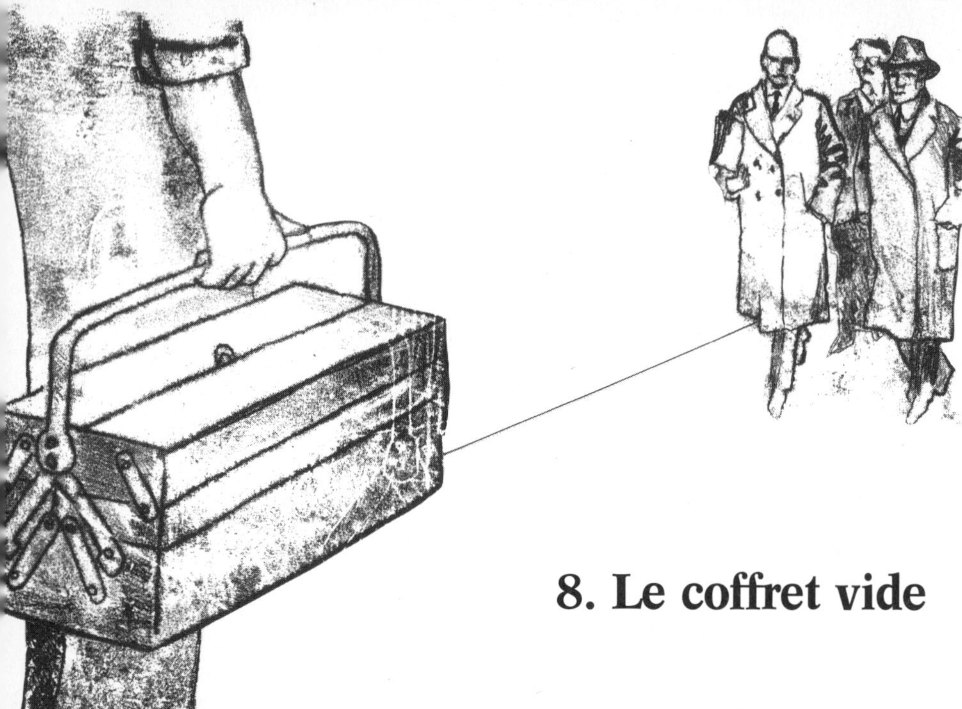

8. Le coffret vide

Accompagné du commissaire Roussel et de Lucien, M. Collard, le directeur, se dirigea vers la salle à usages multiples de l'école. Le célèbre commissaire avait enfin accepté de distribuer les prix de fin d'année aux élèves et de faire un discours.

– Vous avez le trac? demanda le directeur.

– A vrai dire, je préférerais me trouver en face d'un criminel armé qu'en face de 200 jeunes et leurs parents, répondit le commissaire en souriant.

– Vous aurez énormément de succès, Monsieur le Commissaire, dit Lucien pour encourager son chef.

– Mais bien entendu que vous aurez du succès, ajouta le directeur.

Au même moment ils rencontrèrent un homme d'âge moyen qui portait une grande boîte à outils. M. Collard lui fit signe d'approcher.

– Vous tombez bien, Canardeau! Ma secrétaire a noté un appel téléphonique pour vous sur le bloc-notes, mais ce n'est pas urgent.

– Bien, je m'en occuperai tout à l'heure; je vais d'abord réparer le but sur le terrain de football, Monsieur le Directeur.

– Ce Canardeau est très utile, dit Collard quand le concierge fut parti.

Une heure et demie plus tard, le commissaire, Lucien et le directeur se rendirent dans le bâtiment où se trouvait le bureau du directeur. Les discours étaient terminés et les prix distribués. Alors qu'ils s'approchaient de l'entrée, Canardeau courut à leur rencontre. Il avait l'air effaré.

– J'ai bien peur qu'un vol ait été commis, dit-il à voix basse. Je viens de m'en rendre compte en allant au secrétariat; je voulais téléphoner à M. Pagnol.

Ils se rendirent tous dans le bureau. Canardeau entra le premier et leur indiqua la table de travail. Un coffret en acier était posé sur le bloc-notes. Le couvercle avait été forcé et le coffret était vide.

– Quand vous en êtes-vous rendu compte? demanda Lucien.

– Il y a quelques minutes seulement. J'ai travaillé plus longtemps que prévu sur le terrain de football. Puis je suis entré ici pour lire la note sur le bloc. Je voulais téléphoner à M. Pagnol quand j'ai découvert le coffret vide. Je suis vite sorti pour vous en informer. Mais je crois savoir qui a volé l'argent. Quand je suis entré dans le bâtiment, j'ai vu le jeune Gilbert Baudet qui sortait furtivement du secrétariat.

Baudet, un garçon de seize ans, reconnut qu'il était entré dans le bureau.

– Je me suis senti mal pendant le discours; c'est pourquoi je suis sorti pour prendre l'air, expliqua-t-il.

– Pourquoi es-tu entré dans le secrétariat? demanda Lucien.

– J'avais mal à la tête; je voulais prendre un comprimé dans l'armoire à pharmacie.

Il raconta qu'il était entré dans le bureau, qu'il avait pris le comprimé dans un tube et qu'il était sorti. Il jura n'avoir pas touché au coffret.

On fit venir un expert pour identifier les empreintes digitales. Après avoir recouvert le coffret d'une poudre fine, il constata:

– Je regrette, mais on ne peut rien voir, Commissaire.

Le directeur souleva alors le coffret et le remit dans le tiroir. Le commissaire aperçut une note écrite à la main. Il y lut: «Veuillez téléphoner à M. Pagnol au sujet du chauffage.»

– Est-ce l'écriture de votre secrétaire? demanda-t-il au directeur.

– Oui, Monsieur le Commissaire; Canardeau avait des difficultés avec le chauffage.

– Je crois que nous savons à présent qui nous devons interroger de plus près. N'êtes-vous pas du même avis, Lucien?

Qu'est-ce qui a conduit le commissaire à tirer cette conclusion?

Vocabulaire

un coffret grosse boîte – 2 **une salle à usages multiples** *dans une école* salle qu'on utilise pour différentes choses (fêtes, pièces de théâtre, réunions etc. ...) – 3 **distribuer** donner – 4 **faire un discours** parler en public – 5 **avoir le trac** *fam* avoir peur – 6 **armé** qui porte une arme (révolver, couteau etc. ...) – 12 **d'âge moyen** qui n'est plus jeune mais pas encore vieux – 13 **un outil** [uti] instrument qu'on utilise pour fabriquer, réparer qc (un marteau, une pince, etc. ...) – 15 **urgent** dont on doit s'occuper tout de suite, pressé – 16 **le but** [by(t)] *sur un terrain de football* endroit où on doit lancer le ballon pour marquer un point – 23 **effaré** quand on a eu très peur, on a l'air effaré – 24 **commettre un vol** voler – 28 **l'acier** *m* alliage composé de fer et de carbone – 29 **un couvercle** pièce mobile qui couvre une boîte pour la fermer – 29 **forcer** *ici* ouvrir sans prendre de clé – 36 **furtivement** discrètement, en cachette – 45 **jurer** affirmer fortement – 46 **les empreintes digitales** traces laissées par les doigts – 51 **au sujet de** à propos de

A. Compréhension du texte

1. Qu'est-ce que M. Collard attend du commissaire?
2. Décrivez les sentiments du commissaire.
3. Qu'est-ce que le concierge est en train de faire au moment où le directeur l'aperçoit?
4. Comment est-ce qu'on a volé le contenu du coffret?
5. Pourquoi le jeune Baudet était-il entré dans le bureau?
6. M. Canardeau devait téléphoner. A qui et pourquoi?
7. Quand a-t-il pris connaissance du message? A votre avis est-ce qu'il dit la vérité? Qu'est-ce que cela prouve d'autre part? Expliquez.

B. Composition du texte

1. Dégagez les différentes étapes de cette nouvelle affaire.
2. Expliquez où se trouve le point culminant.

C. Révision de grammaire: l'article

Complétez – s'il est nécessaire – par l'article et/ou la préposition qu'il faut.

1. Roussel doit distribuer ... meilleurs élèves ... prix qu'ils ont mérités.
2. La plupart ... élèves attendaient déjà dans ... salle à usages multiples de ... école.
3. «Chers enfants, je ne veux pas vous ennuyer avec ... longs discours.
4. Ce que je vais vous raconter, ce ne sont pas ... contes mais ... histoires vraies.»
5. Le concierge parla longuement ... jeune Baudet. C'était lui ... coupable.
6. ... Baudet est allé chercher un tube ... comprimés dans ... armoire à ... pharmacie ... secrétariat.
7. Pagnol avait ... patience: c'était ... troisième fois qu'il essayait de joindre Canardeau.
8. «Je prends toujours ... café avec ... sucre» dit Roussel. «Oh, mais il n'y a plus ... sucre dans le sucrier!» répond le directeur.
9. ... après-midi d'été, les élèves ont joué sur le terrain de football.
10. ... lendemain, le concierge a dû réparer un but.

D. Révision du texte

1. «... la meilleure preuve est que le nombre des vols à l'étalage et des hold-up a augmenté de 10 % par rapport à l'année dernière. Aussi est-il nécessaire d'informer le public et surtout les jeunes le plus tôt possible. Merci pour votre attention. Maintenant j'ai le grand plaisir de distribuer les prix aux meilleurs élèves de l'année.»
2. «Allô? ... M. Canardeau n'est pas là? ... C'est à propos du chauffage ... Vous pouvez lui faire une commission de ma part? Alors, qu'il me rappelle dès qu'il sera de retour ... Merci. Vous êtes très aimable. Au revoir, Madame.»
3. «C'est incroyable! Canardeau est bien la dernière personne que j'aurais soupçonnée. Enfin! Je n'ai plus qu'à trouver un nouveau concierge maintenant.»

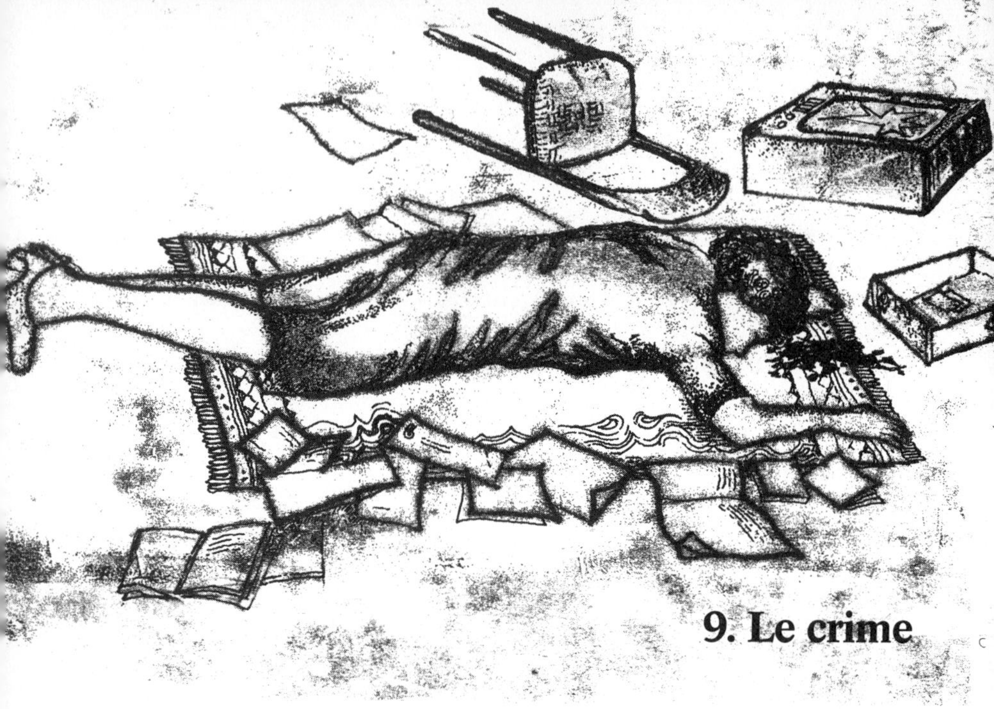

9. Le crime

Pauline Girard était morte. Elle était étendue par terre dans le salon, une blessure affreuse à la tête. Du sang avait coulé sur le beau tapis de Perse. Dans la pièce régnait un désordre incroyable: chaises renversées, tiroirs vidés de leur contenu, livres et papiers éparpillés sur le sol. L'assassin avait fouillé systématiquement la pièce. Seule une vitrine avait été épargnée: on pouvait encore y admirer de jolis petits objets en porcelaine, bien rangés les uns à côté des autres.

– Pauvre maman, elle était si méticuleuse, murmura Annette Girard lorsqu'elle entra dans la pièce.

Lucien, l'assistant du commissaire, jeta un regard plein de pitié sur la vieille fille: «Les gens disent souvent des choses bien étranges quand ils sont sous l'effet d'un choc, pensa-t-il, cela faisait à peine une heure que sa mère avait été abattue par un cambrioleur et Annette Girard parlait de désordre.»

A 21 heures 16 très exactement, la police avait reçu un appel téléphonique d'une femme qui disait s'appeler Pauline Girard. Elle semblait terrifiée; quelqu'un essayait de pénétrer chez elle par la porte de derrière. Cinq minutes plus tard, la police arrivait sur les lieux. Le voisin qui avait vu arriver une voiture de police leur avait ouvert la porte des Girard. Quelques années auparavant, Pauline lui avait donné une clef de la maison.

Mais la femme était déjà morte. Le commissaire se tourna vers Annette Girard et lui demanda:

- Vous dites que vous êtes sortie vers 21 heures 05?
- Oui, je suis sortie pour respirer un peu d'air frais - mais pas longtemps.
- Comment ça?
- Vous savez, Monsieur le Commissaire, maman avait déjà aperçu plusieurs fois un homme qui rôdait derrière la maison. Mais elle était toujours un peu nerveuse.

Puis Annette Girard était sortie après avoir dit à sa mère de n'ouvrir la porte à personne pendant son absence. En route, elle avait peut-être bavardé une minute avec Jarcot, le voisin. Lorsqu'elle était revenue à 21h30, la police était déjà là: sa mère avait été assassinée.

Henri Jarcot, un homme d'un certain âge, confirma chaque détail de l'histoire qu'Annette Girard avait racontée.

Ensuite le commissaire et Lucien examinèrent la porte de derrière qui avait été ouverte de force. Ils descendirent les quelques marches qui menaient à la cour étroite et boueuse qui se trouvait derrière la maison. Plusieurs experts examinèrent le sol détrempé par la pluie.

- Un visiteur bien prudent, commenta le commissaire; aucune empreinte: ni dans la cour, ni dans la maison.
- Il semble qu'Annette et sa mère ne s'entendaient pas, expliqua Lucien qui avait déjà interrogé les voisins. Bien que riche, Pauline Girard ne laissait pas à sa fille la moindre possibilité de vivre sa vie. De plus, Annette devait toujours être à sa disposition.
- Je suis à peu près sûr que c'est Annette qui a tué sa mère et que c'est elle-même qui a téléphoné à la police, dit le commissaire.

Comment le commissaire en arriva-t-il à cette conclusion?

Vocabulaire

2 **affreux, -se** *ici* pas beau à voir – 3 **régner** *ici* il y avait – 4 **un contenu** ce qui est dans qc – 4 **éparpiller** jeter, laisser tomber çà et là – 4 **le sol** endroit sur lequel on marche – 5 **un assassin** personne qui tue volontairement une autre – 5 **fouiller** chercher qc en déplaçant tout ce qui pourrait cacher ce qu'on cherche – 6 **épargner** *ici* l'assassin n'y a pas touché – 8 **méticuleux, -se** très attentif aux détails – 13 **abattre** *ici* faire tomber en donnant un coup mortel – 29 **rôder** se promener avec l'intention de faire qc de mal – 32 **l'absence** *f* fait de ne pas être là – 38 **une marche** partie de l'escalier où on pose le pied – 39 **boueux, -se** mouillé

et très sale – 40 **détrempé** très mouillé et amolli – 42 **les empreintes** *ici* traces laissées par les pieds – 46 **être à la disposition de qn** servir qn, faire tout ce qu'une personne vous demande de faire

A. Compréhension du texte

1. Lucien est d'avis que Pauline Girard a été tuée par un cambrioleur. Qu'est-ce qui lui donne à penser cela?
2. En voyant sa mère étendue par terre, Annette dit des choses qui surprennent Lucien. Dans quelle mesure les propos d'Annette sont-ils bizarres?
3. A quelle heure exactement est-ce que la police est arrivée sur les lieux?
4. Comment la police a-t-elle été informée aussi rapidement?
5. Pourquoi est-ce que c'est le voisin qui a ouvert la porte de la maison à la police?
6. La victime a affirmé au téléphone que quelqu'un essayait de pénétrer dans la maison par la porte de derrière. A votre avis, est-ce que c'est possible? Justifiez votre réponse!
7. Comment alors expliquez-vous que la porte de derrière ait été ouverte de force? Qui avait intérêt à organiser cette mise en scène?
8. Est-ce qu'il est important pour Annette Girard de mentionner qu'elle a parlé avec le voisin? Qu'en déduisez-vous sur l'heure à laquelle la victime a été assassinée?
9. Comment expliquez-vous le coup de téléphone reçu par la police à 21h16?
10. Faites une liste de ce que le malfaiteur a fait avant, pendant et après l'assassinat.

B. Composition du texte

1. Dégagez dans ce texte tous les éléments de la composition qui vous semblent caractéristiques pour une histoire policière!
2. Ce texte contient moins de dialogues que les textes précédents. Donnez vos impressions à ce sujet!
3. Dans des textes de ce genre on supprime tout ce qui n'est pas absolument nécessaire de mentionner. Est-ce qu'il y a, à votre avis, des passages qu'il faudrait développer un peu plus? Lesquels?

C. Révision de grammaire: le subjonctif

Mettez l'indicatif ou le subjonctif.

1. Pauline Girard ne voulait pas que sa fille (sortir) le soir.
2. Annette regrette que la pièce (être) en désordre.
3. L'expert est sûr que le meurtrier ou la meurtrière (porter) des gants.
4. Les policiers attendent jusqu'à ce que le concierge leur (avoir) ouvert la porte.
5. «Je crois bien qu'on (avoir) essayé de nous mettre sur une fausse piste», dit le commissaire.
6. Le commissaire est content que Lucien (avoir) déjà interrogé les voisins.
7. Le voisin confirma qu'Annette Girard lui (avoir) parlé un moment.
8. Il est possible que l'assassin (être) entré par la porte de derrière.
9. Le commissaire est surpris que le meurtrier n' (avoir) pas laissé de traces sur le tapis.
10. «Il est absolument nécessaire que nous (savoir) exactement ce qu'Annette Girard a fait ce soir.»

D. Révision du texte

Qui parle dans les passages suivants? Expliquez la situation.

1. «Oui, je l'ai vue. Je lui ai même parlé. C'était peut-être vers 21 heures 05. Puis elle est partie se promener.»
2. «Aucune trace dans l'appartement – et même pas dans la cour. Et pourtant le malfaiteur est passé par la porte de derrière. Vous avez vu la porte? C'est bizarre.»
3. «Et tu feras ce que je te dis! Tu ne feras rien sans ma permission. Si tu ne m'obéis pas, tu n'auras plus un sou!»

E. Travail pratique

Imaginez un dialogue entre Pauline et sa fille en montrant le conflit qui existe entre les deux personnes.

10. Le jus d'orange

Choqué et déconcerté, le docteur Gérard Pelletier était debout devant le lit de l'homme qui avait été peu d'heures avant son ami le plus cher.

– Je ne peux pas exactement vous expliquer pourquoi je vous ai demandé de venir, avoua-t-il au commissaire. Raoul Pradier souffrait beaucoup, c'est vrai, mais de là à penser qu'il se suiciderait, non!

Lucien, l'assistant du commissaire, observait tristement la chambre. Sur la table de nuit, il n'y avait qu'un petit flacon marron et un verre avec un reste qui pouvait bien être de l'orangeade.

– Bien sûr je n'ai rien touché, continua le docteur. Mais regardez, il y a un dépôt dans le verre, sûrement des comprimés.

Lucien sortit un mouchoir de sa poche et prit le petit flacon marron qu'il montra au médecin. Le docteur Pelletier affirma que c'était le médicament qu'il avait donné à Pradier. Après quelques efforts Lucien réussit à ouvrir le flacon de sa main droite. Il jeta un coup d'œil à l'intérieur du flacon et le renversa. Il était vide.

– En tout cas, il n'aurait certainement pas dû être déjà vide, expliqua le docteur Pelletier.

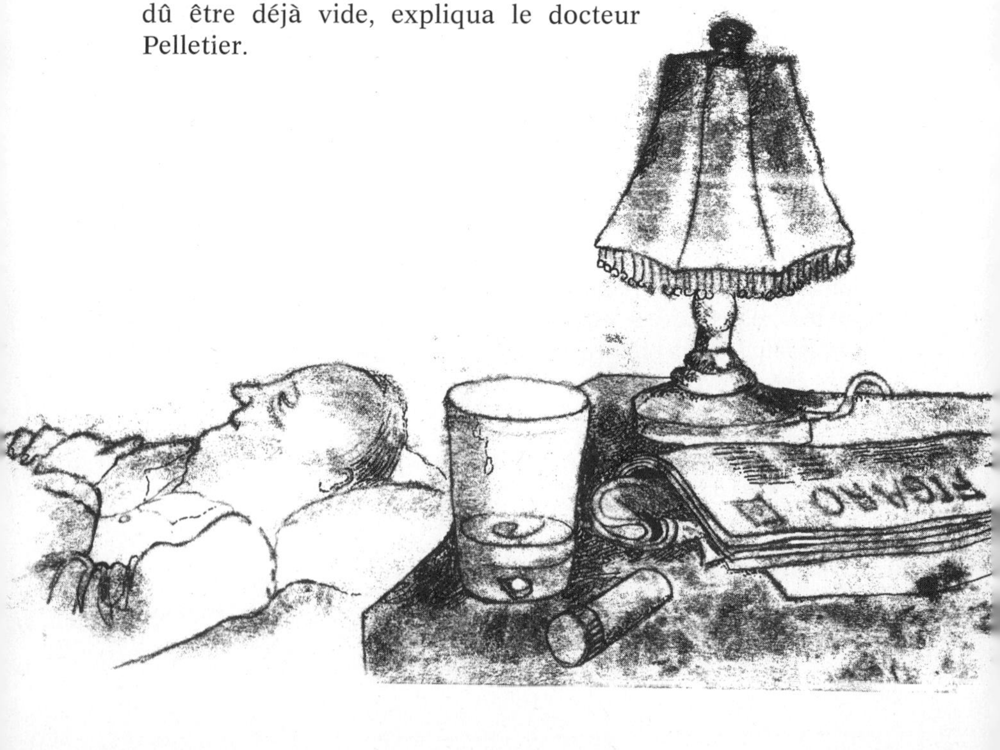

La gouvernante avait eu son jour de congé, mais normalement l'infirmière de Pradier aurait dû être là. Jeanne Loiret, cependant, une personne forte et qui imposait le respect, avait fait une promenade au village.

– Je voulais seulement porter une lettre à la poste, expliqua-t-elle au commissaire. M. Pradier s'était endormi et j'ai été absente une heure au maximum. Lorsque je suis revenue, je ne suis pas arrivée à réveiller M. Pradier. Alors j'ai appelé le médecin. Mais c'était déjà trop tard.

Quand le médecin se retrouva seul avec les policiers dans la salle de séjour, il leur confia:

– Certes, je ne voudrais pas accuser injustement l'infirmière, mais il y a des choses que vous devez savoir à son sujet.

Il prit un document dans le secrétaire de son ami Raoul Pradier et déplia le papier:

– Voici son testament. Il m'avait dit que je devrais m'en occuper s'il lui arrivait quelque chose. Et Jeanne Loiret hérite d'une somme considérable!

Le document avait été signé d'une main hésitante et maladroite. Le médecin remarqua le regard étonné du commissaire quand celui-ci vit la signature.

– Arthrite, dit le docteur Pelletier. Après que mon ami eut écrit ce papier, sa maladie s'aggrava encore les années suivantes. Ces derniers temps, il ne pouvait plus écrire.

Le médecin expliqua ensuite au commissaire et à son assistant que Jeanne était au service de Pradier depuis de longues années déjà. Mais ces derniers temps, leurs rapports s'étaient tellement dégradés que Pradier avait donné à entendre à Jeanne qu'il la rayerait de son testament.

– Et effectivement le notaire devait venir demain, ajouta le docteur Pelletier. C'est pourquoi vous comprenez sans doute mes soupçons.

– Des soupçons tout à fait justifiés, Docteur, dit le commissaire. Pradier a pu difficilement se suicider.

Qu'est-ce qui fait dire cela au commissaire?

Vocabulaire

1 **déconcerté** si surpris, choqué qu'on ne sait plus que penser – 5 **se suicider** se tuer, se donner la mort – 8 **un flacon** petite bouteille – 11 **un dépôt** *ici* ce qui se dépose au fond d'une bouteille (de vin p.ex.) –

22 **imposer qc à qn** obliger qn à penser, à dire ou à faire qc – 26 **au maximum** tout au plus – 30 **confier** dire en toute confiance – 31 **accuser qn** dire que qn est coupable – 38 **hésitant, -e** qui manque de fermeté, d'assurance; *ici* tremblante – 42 **s'aggraver** devenir plus grave – 46 **se dégrader** *ici* devenir mauvais – 47 **rayer** barrer, *ici* supprimer

A. Compréhension du texte

1. Comment Raoul Pradier est-il mort?
2. Pourquoi Raoul Pradier se serait-il suicidé?
3. Qu'est-ce qui a poussé Gérard Pelletier à faire venir la police?
4. Pourquoi est-ce que l'assistant du commissaire sort un mouchoir de sa poche avant de prendre le flacon?
5. Justifiez l'étonnement du commissaire en voyant la signature de Pradier pour la première fois.
6. Quel alibi l'assassin donne-t-il au commissaire?
7. Pourquoi l'infirmière ne pouvait-elle pas se permettre d'attendre le lendemain pour commettre son crime?

B. Révision de grammaire: les temps du passé

Mettez l'imparfait ou le passé composé/passé simple.

1. L'infirmière a appelé le docteur Pelletier. Celui-ci (arriver) aussitôt, (entrer) dans la chambre de son ami et (voir) tout de suite qu'il (être) mort.
2. Là-dessus il (appeler) la police qui (arriver) au bout de quelques minutes.
3. Tout de suite, l'assistant (apercevoir) un verre presque vide; le verre (contenir) encore un peu de liquide. Cela (pouvoir) bien être du jus d'orange.
4. Puis il (sortir) un mouchoir de sa poche – il (avoir) toujours un mouchoir propre sur lui – et (prendre) un petit flacon marron qu'il (montrer) au médecin.
5. Le flacon (être) bien fermé, mais après quelques efforts il (arriver) à l'ouvrir.
6. Le docteur (expliquer) au commissaire pourquoi il (soupçonner) l'infirmière.

7. Puis il (aller) chercher le testament de son ami. Le document (se trouver) dans un secrétaire. Le médecin (prendre) le papier et le (montrer) à M. Roussel.
8. Le commissaire (jeter) un coup d'œil sur le testament que le docteur Pelletier (tenir) à la main. Alors il (se demander) pourquoi la signature n'(être) pas très lisible.
9. Après le témoignage du médecin le commissaire (savoir) qui (avoir) empoisonné Gérard Pradier.
10. Le notaire (vouloir) venir le lendemain parce que M. Pradier (avoir) l'intention de modifier le testament.

C. Commentaire personnel

De plus en plus mises à l'écart de notre société, les personnes âgées sont souvent obligées de passer les dernières années de leur vie dans un asile de vieillards. Pensez-vous qu'une telle institution réponde aux besoins des personnes du «troisième âge»?

11. Le faux alibi

Un peu perplexe le vieux docteur Martin regarda attentivement le commissaire et son assistant Lucien.

– Non, je n'ai pas de preuve, admit-il. Mais je ne pense pas que Roger Lambert ait pu se suicider. Il était aveugle et habitait tout seul, c'est vrai; mais, voyez-vous, malgré cela, il n'avait peur de rien et aimait beaucoup la vie. Bien sûr, il se peut aussi qu'il ait oublié d'éteindre l'appareil de chauffage au gaz.

Aucun indice ne laissait supposer qu'il pût s'agir d'un meurtre. Cependant le commissaire remarqua la présence d'un verre d'eau à moitié vide et d'un tube de somnifères sur la table de nuit de Lambert.

Le docteur Martin expliqua:

– Comme Lambert dormait très mal, je lui avais dit de prendre deux de ces comprimés tous les soirs. Ils sont très efficaces; sous l'effet de ces comprimés, Lambert n'a pas senti l'odeur du gaz – naturellement, quelqu'un aurait pu se glisser dans la chambre et ouvrir le robinet du gaz.

– Est-ce que vous voulez dire que quelqu'un avait intérêt à se débarrasser de Lambert? reprit le commissaire. Qui est ce «quelqu'un» selon vous?

– Eh bien – euh – le neveu de Lambert, Philippe Lagard, par exemple, répondit le docteur, un peu gêné. Il y a quelques jours une dispute violente a éclaté entre les deux hommes. Lambert ne voulait plus aider son neveu financièrement. Mais le testament devait rester en faveur de celui-ci.

Au bout d'un moment le commissaire dit:

– Ah oui, j'allais oublier, Docteur, à quelle heure la mort est-elle survenue?

Le docteur réfléchit un moment, puis il dit:

– Le concierge a trouvé le corps vers neuf heures ce matin. Je dirais que Lambert est mort avant minuit, probablement entre 22 heures et 22h30.

Quand le commissaire interrogea le jeune Philippe Lagard, celui-ci fournit un alibi très solide. Il raconta qu'il avait joué aux cartes de 21 heures à deux heures du matin environ.

– Demandez aux copains, si vous ne me croyez pas. Ils ne sont pas près de m'oublier, dit Lagard en souriant. Hier, j'ai gagné plus de 5.700 francs!

Plus tard, au commissariat, Lucien fit un premier rapport au commissaire:

– En tout cas, Chef, une chose est certaine: hier, peu après 23 heures, Lambert était encore vivant.

– Comment ça? demanda le commissaire, devenu soudain attentif.

Son assistant regarda dans son carnet.

– Hier soir, un habitant du quartier, un certain Joseph Castor, est passé devant la maison de Lambert avec son chien. Il affirme avoir vu les lumières du couloir s'éteindre vers 23h10. Peu après, elles se sont allumées à l'étage, dans la chambre à coucher de Lambert.

– Voici des indices qui nous donnent à réfléchir, dit le commissaire. Voyez-vous, Lucien, je suis de plus en plus d'accord avec le docteur Martin. A moi aussi, il me semble que Lambert a bel et bien été assassiné. Cela signifie qu'il nous faut réexaminer de très près l'alibi du jeune Lagard.

Qu'est-ce qui a mis le commissaire sur la bonne piste?

Vocabulaire

1 **perplexe** *adj* inquiet, qui ne sait que penser – 3 **admettre** reconnaître – 4 **se suicider** mettre fin à ses jours – 4 **aveugle** *adj* qui ne peut plus voir – 8 qu'il **pût** *imparfait du subjonctif de pouvoir* – 10 **un somnifère** médicament qui fait dormir – 13 **efficace** *adj* qui produit l'effet qu'on attend – 21 **une dispute** échange de paroles désagréables entre deux personnes qui s'opposent – 24 **en faveur de** au profit de – 26 **survenir** arriver brusquement – 29 **le corps** *ici* le corps du mort, du défunt – 50 **bel et bien** réellement, sans aucun doute – 50 **assassiner qn** tuer qn

A. Compréhension du texte

1. Comment Roger Lambert est-il mort? Qui a découvert le corps?
2. Pourquoi est-ce que le vieux docteur ne croit pas à un suicide?
3. Pourquoi est-ce que quelqu'un aurait pu se glisser facilement dans la chambre du vieux Lambert?
4. Pour quelle raison le neveu aurait-il tué son oncle?
5. Quel alibi le neveu fournit-il au commissaire?
6. Qui est Joseph Castor? Qu'est-ce qu'il affirme avoir vu le soir du drame?
7. Dans quelle mesure ces déclarations confirment-elles les soupçons du médicin?
8. Qu'est-ce que les textes LE JUS D'ORANGE et LE FAUX ALIBI ont en commun?

B. Révision de grammaire: les temps du verbe

Mettez le temps convenable.

1. Le neveu déclara que, la veille, il (jouer) aux cartes avec des amis et (gagner) une somme d'argent considérable.
2. Le vieux docteur est sûr que la mort de Roger Lambert (survenir) avant minuit.
3. Quand le commissaire vit les comprimés qui (se trouver) sur la table de nuit, il (demander) au docteur qui les (donner) à Lambert.
4. Si le témoin Joseph Castor n'avait pas promené son chien à cette heure-là, il (ne pas pouvoir) donner une information très importante à la police.

5. Le vieux Lambert n'aurait pas dormi profondément s'il (ne pas prendre) de somnifères.
6. «Le meurtrier (entrer) dans l'appartement de Lambert et (ouvrir) le gaz pendant que Lambert (dormir) profondément», dit le commissaire.
7. Si les policiers interrogent les amis du neveu ils (apprendre) bien vite que celui-ci leur (mentir).
8. «Il vaut mieux que nous (interroger) Philippe Lagard encore une fois», conseilla Lucien.
9. «Que vous ne nous (mentir) pas de nouveau», dit le commissaire en s'adressant au neveu.
10. Un témoin déposa qu'il (voir) que les lumières (s'éteindre) dans le couloir et qu'elles (s'allumer) peu après dans la chambre de Lambert.

C. Travail pratique

Le commissaire a décidé de vérifier l'alibi du neveu de Lambert. Il convoque les trois hommes avec lesquels Lagard prétend avoir joué aux cartes la veille. Lors de l'interrogatoire, il apprend indirectement que le neveu n'est pas resté toute la soirée à la table de jeux.
Imaginez la scène avec les questions du commissaire et de son assistant et les réponses contradictoires des témoins.

D. Commentaire personnel

Lagard a été arrêté, puis jugé. Le tribunal l'a condamné à perpétuité. Pensez-vous que cette peine soit juste? Justifiez votre réponse.

12. Le témoin

Entrepreneur en bâtiment, Charles Tourneur avait fait construire deux pavillons fort plaisants sur un vaste terrain. Il vivait seul dans l'un, et avait donné le second à son neveu Pierre Mallet, le seul parent qui lui restait.

Mais depuis trois ans, les deux hommes ne se parlaient plus. Charles Tourneur avait renvoyé son neveu de son entreprise où celui-ci occupait un poste important. En effet, l'oncle Charles avait remarqué que Pierre revendait des matériaux de construction pour son propre compte.

Charles Tourneur avait eu énormément de mal à se remettre de cette histoire, d'autant qu'il avait toujours fait confiance à son neveu.

Avec l'entrée du jeune Albert Cognac dans son entreprise, tout rentra bientôt dans l'ordre: l'oncle Charles s'entendait si bien avec son nouveau collaborateur qu'il le considéra bientôt comme son fils. Plus tard, quand Albert se maria, l'oncle Charles semblait avoir retrouvé une famille. Et il était facile de deviner qui hériterait de l'entreprise un jour.

Maintenant le jour était arrivé. Charles Tourneur était mort.

C'est Pierre Mallet qui avait été témoin de «l'accident». En ouvrant la fenêtre de sa chambre mansardée, il avait vu son oncle dans le jardin au bord du bassin de la piscine. Puis l'oncle Charles avait plongé, mais n'était plus remonté à la surface.

Mallet avait couru alors au téléphone et avait prévenu la police. Peu de temps après, le commissaire Roussel était arrivé avec son assistant Lucien.

- Donc, si je résume, Monsieur, vous n'avez jamais plus mis les pieds chez votre oncle depuis trois ans? demanda le commissaire Roussel.
- Oui, c'est ça, répondit Mallet. Depuis trois ans, je n'ai plus adressé la parole à mon oncle. Je le voyais de temps en temps se promener dans son jardin. Nos deux jardins ne sont séparés que par un petit mur.
- Vous avez remarqué quelque chose de particulier aujourd'hui?
- Eh bien, justement, Monsieur le Commissaire, c'est ce que je voulais vous dire. Aujourd'hui, vers onze heures et demie, les Cognac ont rendu visite à mon oncle. Tandis que les deux hommes s'installaient dans le jardin sous un parasol, Mme Cognac, elle, est entrée dans la maison; elle voulait certainement préparer le déjeuner, car une heure plus tard, quand j'ai regardé par la fenêtre, elle mettait la table. Bien sûr, je ne pouvais pas entendre ce qu'ils se disaient; mais le cidre que les Cognac avaient apporté semblait jouer un certain rôle dans la conversation. D'ailleurs, Mme Cognac est allée chercher, peu de temps après, une nouvelle carafe pleine de cidre dans la cuisine.

Ici, Pierre Mallet s'arrêta de parler; il semblait réfléchir.

- Si j'ai bonne mémoire, Monsieur le Commissaire, mon oncle était la seule personne à avoir bu de ce cidre. Oui, c'est ça ... et puis les Cognac ont quitté la maison très rapidement. Il pouvait être deux heures et demie. Une heure plus tard, quand j'ai regardé de nouveau dehors, mon oncle avait enlevé ses vêtements. C'est alors qu'il a plongé dans la piscine.

Albert Cognac et sa femme confirmèrent plus ou moins le témoignage de Pierre Mallet. Ils avaient en effet apporté plusieurs bouteilles de cidre – un produit de leur propre jardin – mais les deux affirmaient avec énergie avoir bu de ce cidre. C'était en effet le point essentiel: on avait retrouvé une forte dose de poison dans le cidre de la deuxième carafe.

Après quelques questions du commissaire, Albert Cognac reconnut qu'il était possible qu'il n'ait pas bu de ce cidre. Finalement, Mme Cognac admit, elle aussi, qu'elle n'avait pas goûté au cidre de la deuxième carafe.

- Le cas est clair, dit le commissaire à Lucien. Il ne nous reste plus qu'à arrêter Mallet.

Comment le meurtrier s'est-il trahi?

Vocabulaire

un témoin personne qui a vu un accident et qui peut dire comment il est arrivé – 2 **un pavillon** petite maison dans un jardin – 8 **des matériaux** *m.pl.* pour construire une maison, on a besoin de matériaux (briques, béton, bois, etc.) – 8 **pour son propre compte** pour lui – 11 **d'autant que** surtout que – 11 **faire confiance à qn** fait d'être sûr que qn fera bien ce qu'on lui a donné à faire – 14 **un collaborateur** personne qui travaille avec une ou plusieurs autres personnes, dans une entreprise p.ex. – 16 **deviner** trouver qc en réfléchissant – 20 **chambre mansardée** chambre qui se trouve juste en dessous du toit et dont les murs ne sont pas droits – 26 **ne plus mettre les pieds chez qn** *fam* ne plus aller chez qn, ne plus rendre visite – 28 **adresser la parole à qn** parler avec qn – 39 **le cidre** jus de pommes légèrement alcoolisé – 44 **si j'ai bonne mémoire** si je me souviens bien – 50 **confirmer** rendre plus sûr qc qui a été dit – 50 **un témoignage** fait de dire ce qu'on a vu ou entendu – 58 **admettre** *ici* reconnaître – 60 **il ne nous reste plus qu'à ...** nous avons encore à – 62 **se trahir** faire connaître qc sans le vouloir

A. Compréhension du texte

1. Qu'est-ce qui montre que Charles Tourneur estimait beaucoup son neveu?
2. Pourquoi les deux hommes ne se parlaient-ils plus depuis trois ans?
3. Dans quelle mesure Albert Cognac fut-il une aide pour Charles Tourneur?
4. Charles Tourneur est mort. Qu'est-ce qui prouve qu'il ne s'est pas noyé accidentellement? Comment est-il mort?
5. Mallet a vu les Cognac déjeuner avec Tourneur. Qu'est-ce qu'il a remarqué de bizarre?
6. D'où provenait le cidre?
7. Par quel détail Mallet s'est-il trahi?
8. Quand a-t-il versé le poison dans le cidre?
9. Quel(s) est/(sont) le(s) mobile(s) du crime?

B. Révision de grammaire: la subordination

Reliez les phrases suivantes en les faisant dépendre l'une de l'autre (proposition infinitive, conjonction de subordination).

1. Mallet ne s'entendait pas bien avec son oncle. Il l'a tué.
2. Il a versé du poison dans le cidre. Après, il est remonté dans sa chambre mansardée.
3. Il prévient la police. Avant, il a essuyé la carafe avec un chiffon.
4. Les deux hommes étaient assis dans le jardin; pendant ce temps, Mme Cognac préparait le déjeuner.
5. Mallet affirme que les Cognac n'ont pas bu le cidre de la deuxième carafe; comme ça, les policiers soupçonneront les Cognac.
6. Nous devons arrêter Mallet le plus vite possible; sinon il sera trop tard.
7. L'oncle fait confiance à son neveu. Pourtant celui-ci revend des matériaux pour son propre compte.
8. Le neveu affirme n'être pas allé chez son oncle depuis trois ans; comme ça il a un alibi très solide.

C. Travail pratique

Très connu pour sa générosité et sa probité, Charles Tourneur jouissait d'une très bonne réputation. La nouvelle de sa mort a provoqué la consternation générale et la presse locale veut publier des articles qui retraçent sa vie et évoquent les circonstances dramatiques de sa mort.

Imaginez que vous soyez journaliste et que vous ayez à rédiger un de ces articles.

Révisions de grammaire

A. Après l'étude des textes 1 et 2

I. Le pronom relatif: Complétez.

1. *L'argent:* ... il a volé/ ... lui manque/ ... on m'a donné/ ... il a besoin/ ... elle ne s'intéresse pas/ ... ne l'intéresse pas/ ... il parle/ ... il demande/ ... il est l'héritier
2. *La maison:* ... il a achetée/ ... se trouve rue St.-Yves/ ... le toit est abîmé/ ... il va hériter/ ... je veux acheter/ ... j'ai envie d'acquérir/ ... se trouve en face
3. *Je sais:* ... s'est passé/ ... il parle/ ... lui manque/ ... cet argent appartient/ ... il t'a donné/ ... tu as besoin/ ... t'a étonné/ ... il a posé cette question/ ... tu as fait/ ... t'a aidé
4. *C'est le monsieur:* au sujet ... on raconte des histoires effroyables/ à ... je viens de parler/ ... je connais le frère/ dans l'entreprise ... je travaille/ ... la police recherche/sur ... vous pouvez compter

II. L'accord du participe passé: Accordez les participes passés.

1. La gouvernante fut *interrogé.* 2. Elle a *regardé* le commissaire. 3. «Vous l'avez *vu,* la gouvernante?» 4. Ils ne se sont jamais *entendu.* 5. La maison dont le neveu a *hérité* est belle. 6. Les empreintes digitales ont été *effacé* par le meurtrier. 7. A quelle heure est-ce qu'elle est *entré* dans la chambre? 8. Les policiers sont *venu* tout de suite. 9. Comme chaque soir, elle lui a *donné* à boire. 10. C'est la chambre dans laquelle il est *entré.* 11. Je l'ai *trouvé,* votre preuve! 12. «Les policiers? Je les ai *fait* entrer dans votre bureau.» dit la secrétaire. 13. «Quelle somme vous a-t-il *demandé?*» demanda le commissaire. 14. L'enveloppe que Fourché avait *reçu* contenait mille francs. 15. Les deux hommes se sont *parlé* pour la première fois. 16. Ils se sont *vu* dans un bistrot. 17. Les fenêtres de la chambre étaient *fermé.* 18. Le monsieur a *présenté* sa carte de visite. 19. Les policiers se sont *caché* dans la chambre d'à côté. 20. La serviette qu'il avait *laissé* dans la cabine téléphonique fut *emporté* par le maître-chanteur.

B. Après l'étude des textes 3 et 4

I. Le pronom personnel: Traduisez.

1. *le rapport:* a) Er gibt ihn mir. b) Gib ihn mir! c) Er hat ihn mir gegeben. d) Er sollte ihn mir geben. e) Er hätte ihn mir geben sollen. f) Er möchte ihn lesen. g) Hat er ihn gelesen? h) Lies ihn nicht! i) Liest er ihn nicht? j) Er hätte ihn nicht lesen sollen. k) Er braucht ihn. l) Gib ihn ihm!
2. *les preuves:* a) Zeigen Sie sie mir! b) Sie zeigen sie mir. c) Haben sie sie mir gezeigt? d) Haben Sie sie gefunden? e) Er hat sie uns angekündigt. f) Wir zeigen sie Ihnen morgen. g) Er hat mir von ihnen berichtet. h) Er legt sie uns vor. i) Er hat sie uns gezeigt. j) Er möchte sie sehen. k) Er hat sie sehen wollen. l) Er hätte sie sehen können. m) Ich zeige sie dir.
3. *la maison:* a) Er möchte es mieten. b) Er hat es gemietet. c) Wird er es mieten? d) Er hätte es kaufen sollen. e) Hat er es nicht gekauft? f) Miete es! g) Miete es nicht! h) Hast du es gemietet? i) Sie möchten es mieten. j) Er hat es geerbt. k) Hat er es geerbt? l) Wird er es erben? m) Will er es erben?

II. L'adjectif/le pronom possessif: Complétez.

1. le patron des employés: ... patron; 2. l'argent du patron: ... argent; 3. l'argent des fournisseurs: ... argent; 4. les spéculations de l'agent immobilier: ... spéculations; 5. les travaux du patron: ... travaux; 6. la place de Lucien: ... place; 7. la lettre du maître-chanteur: ... lettre; 8. les valises des voyageurs: ... valises; 9. le crime du comptable: ... crime; 10. les dossiers des criminels: ... dossiers; 11. l'arrivée des policiers: ... arrivée; 12. moi et ... entreprise; 13. vous et ... coffre-fort; 14. lui et ... employés; 15. nous et ... problèmes; 16. eux et ... patron; 17. eux et ... affaires; 18. toi et ... preuve; 19. elle et ... neveu; 20. lui et ... 50.000 F; 21. lui et ... aveu. 22. mon affaire, c'est la ... ; 23. vos problèmes, ce sont les ... ; 24. notre problème, c'est le ... ; 25. sa serviette, c'est la ... ; 26. ses mots, ce sont les ... ; 27. son amie, c'est la .... .

C. Après l'étude des textes 5 et 6

I. Les compléments du verbe: Ajoutez, si nécessaire, 'à' ou 'de'.

1. Quelqu'un a menacé ... mettre le feu aux écuries du colonel. 2. Le coupable cherche toujours ... tromper la police. 3. Roussel douta ... la

sincérité du colonel. 4. «Il est si facile ... tromper ce commissaire», pensa le colonel. 5. Le mensonge de Mlle Leclerc ne sert ... rien. 6. Anne Fabre arrive enfin ... convaincre le commissaire de son innocence. 7. Lucien espère ... trouver le coupable lui-même. 8. Mlle Leclerc accuse Anne Fabre ... avoir volé la bague. 9. Ce petit malheur est facile ... réparer. 10. Le patron a hésité ... répondre à la question du commissaire. 11. Il a conseillé à la secrétaire ... dire la vérité. 12. Après de longs interrogatoires il avoua enfin ... avoir commis le crime. 13. Il vaut mieux ... ne plus parler du vol. 14. Lucien ne s'est pas attendu ... une telle réaction. 15. Les histoires policières ont pour but de nous apprendre ... lire les textes attentivement.

II. Le discours indirect: Mettez au discours indirect.

1. Le commissaire voulait savoir: «Pourquoi est-ce que vous soupçonnez l'entrepreneur?» 2. Le colonel demanda au commissaire d'arrêter Blanc. Mais Roussel répondit: «Je ne le ferai pas». 3. Le colonel ajouta: «Il m'a envoyé deux lettres de menace.» 4. Il dit: «L'incendiaire a mis le feu à mes écuries.» 5. En indiquant du doigt un morceau de brique, le colonel murmura: «On l'a jeté par la fenêtre de ma chambre.» 6. Un voisin déclara: «Les deux hommes ne s'entendent pas bien.» 7. Mlle Leclerc demanda au commissaire: «Arrêtez Anne Fabre tout de suite!» 8. Le commissaire dit à Lucien: «Occupez-vous de cette affaire!» 9. Henri Crochet demanda au commissaire: «Qu'est-ce que vous ferez si Anne Fabre est vraiment la voleuse?» 10. Le colonel leur cria: «Faites maintenant votre devoir et emmenez cet homme!» 11. Quand le commissaire regarda la secrétaire, il pensa: «C'est elle qui a commis le vol.» 12. Il demanda à Lucien: «Est-ce que vous avez trouvé la solution?»

D. Après l'étude des textes 7 et 8

I. Le pronom interrogatif: Complétez.

1. ... a vu le jeune Baudet? – Canardeau.
2. ... il a pris dans l'armoire? – Des comprimés.
3. ... s'est passé ici? – On a volé de l'argent.
4. ... Canardeau devait-il téléphoner? – A M. Pagnol.
5. ... avez-vous pris les comprimés? – Dans l'armoire.
6. ... vous avez vu entrer ici? – Le jeune Baudet.
7. ... avez-vous parlé avec M. Pagnol? – Du chauffage.

8. ... parlez-vous? – De ma secrétaire.
9. ... pensez-vous maintenant? – Au vol de l'argent.
10. ... avez-vous parlé dans votre exposé? – Des vacances.
11. ... a volé l'argent? – Le concierge.
12. ... avez-vous ce document? – Je ne sais pas.
13. ... Munot trouva dans le train? – Les policiers.
14. ... il avait dans sa serviette? – Des documents.
15. ... parlait-il tout le temps? – De ses documents.
16. ... se trouvait dans l'enveloppe? – Un document.
17. ... a trahi le voleur? – Une petite faute.
18. ... s'adressa-t-il? – Au commissaire.

II. L'article: Complétez – s'il y a lieu – par un article (défini, indéfini ou partitif).

1. Les policiers reviendront ... samedi prochain. 2. Parfois M. Roussel ne peut pas se reposer ... dimanche. 3. Bien ... crimes se passent ... nuit. 4. ... soir, en rentrant du travail, M. Roussel a trouvé une lettre anonyme sous sa porte. 5. Ce soir il rentrera vers ... minuit. 6. ... Roussel habitent dans un petit village. 7. Munot avait payé beaucoup ... argent pour ce document. 8. Sur la cassette il n'y avait pas ... empreintes. 9. Le directeur est sûr que Roussel aura ... succès. 10. Et, en effet, il a eu énormément ... succès. 11. Baudet avait quitté la salle parce qu'il avait mal à ... tête. 12. Roussel est entré ... premier dans le compartiment. 13. Baudet avait ... cheveux bruns. 14. Le commissaire écoutait sans ... mot dire. 15. Il arrive que les policiers travaillent ... jour et ... nuit. 16. Il écoutait ... mensonges de Canardeau sans perdre ... patience.

E. Après l'étude des textes 9 et 10

I. Le subjonctif: Mettez l'indicatif ou le subjonctif.

1. Le docteur attendit jusqu'à ce que l'infirmière (avoir) quitté la chambre.
2. Il est sûr que son ami ne se (être) pas suicidé.
3. «Je crains que l'infirmière (avoir) tué mon ami,» dit le docteur.
4. «Je crois qu'elle ne nous (dire) pas la vérité,» dit le commissaire.
5. Roussel est surpris que Lucien ne (pouvoir) pas ouvrir le flacon.
6. Elle avait fermé le flacon de sorte qu'on (avoir) des difficultés à l'ouvrir.
7. Le docteur ne voulait pas que quelqu'un d'autre l'(entendre) parler.

8. «Il est temps que nous (arrêter) l'infirmière,» dit Lucien.
9. «Supposez que vous (être) le commissaire, qu'est-ce que vous feriez alors,» demanda-t-il au docteur.
10. L'infirmière déposa qu'elle (vouloir) seulement porter une lettre à la poste.

II. L'imparfait et le passé composé: Mettez le temps qui convient.

1. Lorsque la vieille fille (voir) le désordre dans l'appartement où elle (vivre) avec sa mère, elle (murmurer): «Pauvre maman, elle (être) si méticuleuse.»
2. La femme (chuchoter) au téléphone que quelqu'un (essayer) de pénétrer par la porte de derrière.
3. Quand le commissaire et Lucien (descendre) les quelques marches qui (mener) à la cour, ils (voir) plusieurs experts qui (examiner) le sol détrempé par la pluie.
4. La vieille femme (posséder) une grosse fortune et ne (donner) presque pas d'argent à sa fille. C'est pourquoi celle-ci la (tuer).
5. Quand les policiers (entrer) dans la chambre, tout (être) en désordre.
6. Le voisin (attendre) les policiers. Quand ceux-ci (arriver), il (ouvrir) la porte avec une deuxième clé qu'il (avoir) toujours sur lui.
7. Le commissaire (demander) à l'expert s'il y (avoir) des empreintes sur le sol.
8. Le commissaire (regarder) partout, (examiner) soigneusement la pièce, (interroger) les voisins, (tirer) ses conclusions et (arrêter) enfin la coupable.

F. Après l'étude des textes 11 et 12

I. Les temps du verbe: Mettez le temps qui convient.

1. Le commissaire était sûr que Pierre Mallet (tuer) son oncle.
2. Si les Cognac (boire) du cidre, ils (être) morts maintenant, eux aussi.
3. Pendant l'interrogatoire Mallet (dire) que les Cognac (quitter) rapidement la maison de son oncle.
4. Tout le monde savait que Tourneur (renvoyer) son neveu parce que celui-ci (voler) des matériaux de construction.

5. «Il vous (ne jamais renvoyer) si vous (ne pas essayer) de vendre des matériaux pour votre propre compte,» dit le commissaire pendant l'interrogatoire.
6. Les Cognac sont très contents que l'oncle Charles (boire) leur cidre avec plaisir.
7. Quand Albert Cognac (se marier), Charles Tourneur (sembler) avoir retrouvé une famille.
8. Pierre Mallet déposa qu'il (voir) son oncle sauter dans l'eau.
9. Charles Tourneur (être) encore vivant s'il (ne pas boire) du cidre empoisonné.
10. «Que les Cognac (tuer) Tourneur, je ne peux pas le croire,» dit Lucien au commissaire.

II. La subordination: Reliez les phrases suivantes par les conjonctions ou locutions conjonctives comme, parce que, outre que, quoique, sans que, tandis que, alors que, après que, bien que, aussitôt que, ainsi que, lorsque.

1. Le vieillard vivait seul dans une grande maison. En outre, il était aveugle.
2. Le malfaiteur se glisse dans la chambre de Lambert. Celui-ci ne s'en aperçoit pas.
3. Le vieux médecin n'a aucune preuve. Il fait venir la police quand même.
4. Le neveu a menti. Il fallait s'y attendre.
5. Les lumières se sont éteintes dans le couloir. Après elle se sont allumées à l'étage.
6. Lagard voulait hériter. C'est pourquoi il a tué son oncle.
7. Mallet regardait par la fenêtre de sa chambre. Alors il vit son oncle au bord de la piscine.
8. L'oncle Charles a remarqué que son neveu le trompait. Aussitôt, il l'a mis à la porte.

Une devinette: Qui fait quoi?

Cinq criminels ont été arrêtés et mis en prison. Ils attendent de passer en jugement.
Les portes de leurs cellules sont de couleurs différentes, et aucun des cinq individus n'a le même état-civil.
Avant leur arrestation, chacun d'entre eux avait un animal domestique ainsi qu'un passe-temps différent.

En vous aidant de ces informations et des quinze suivantes, complétez la grille et dites

- quel criminel est fiancé,
- quel animal appartient au maître-chanteur.

1. Celui qui aimait jouer du violon est enfermé à côté du célibataire.
2. Le perroquet, le hamster, le canari, le lapin, le chien sont les animaux domestiques.
3. Le veuf «habite» à côté de celui qui avait le perroquet.
4. La porte bleue se trouve entre la porte jaune et la porte verte.
5. L'amateur de musique se trouve à gauche du joueur de violon.
6. Le fraudeur, derrière la porte blanche, est divorcé.
7. A côté de celui qui aimait jouer au football se trouve celui avec le chien.
8. Le meurtrier est marié.
9. Le voleur qui avait un lapin aimait collectionner des timbres.
10. La porte jaune est à côté de la porte rouge qui se trouve tout à fait à gauche.
11. L'incendiaire dont la femme est morte est enfermé dans la cellule avec la porte verte.
12. Le criminel qui aimait faire du cheval est veuf.
13. Le perroquet appartient au meurtrier.
14. Derrière la porte rouge se trouve le philatéliste.
15. A côté de la porte verte se trouve le criminel avec le hamster.

criminel					
couleur de la porte					
animal					
passe-temps					
état civil					

Mots-croisés

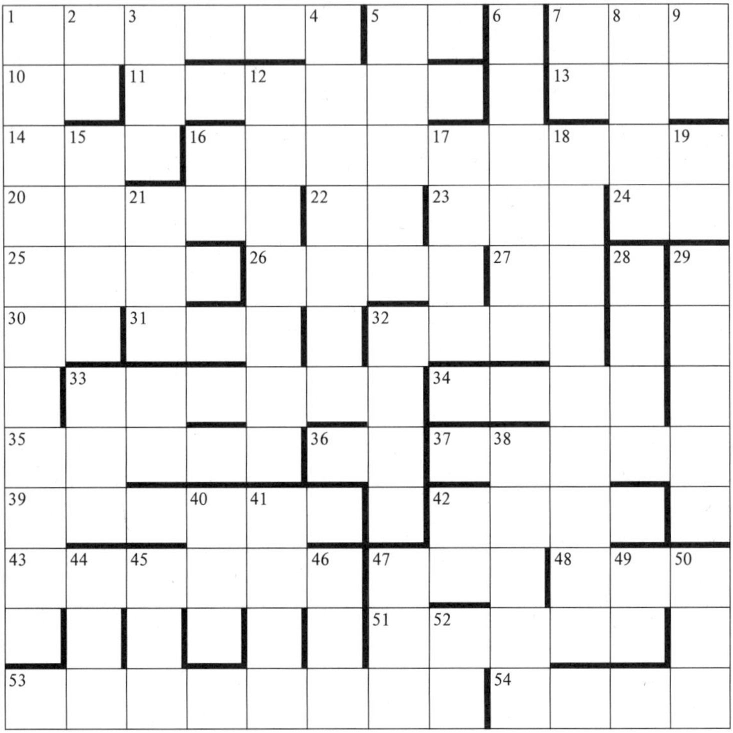

Horizontalement

1. secret, clandestin
5. douze mois
7. partie du corps
10. pronom personnel indéfini
11. pressant, important
13. vieux, détérioré
14. article indéfini
16. pleurer bruyamment
20. barrer un mot, une phrase
22. article défini espagnol
23. anglais pour *'glace'*
24. préfixe indiquant la répétition
25. antonyme de *'affirmer'*
26. enlever (un vêtement)
27. L'argent est passé … compte.
30. conjonction anglaise indiquant la condition
31. adjectif possessif
32. Il nous a fait passer un … de grammaire.
33. antonyme de *'prendre'*
34. … civil: marié
35. Le téléphone … ; Lucien décroche.
36. article défini
37. un bloc- …

39. fraudeur
42. Il travaille jour et … .
43. qui est de la ville; opposé à *'rural'*
47. pronom démonstratif
48. le … à l'étalage
51. alliage de fer et de carbone
53. Quand il pleut beaucoup, le sol est … .
54. au moment de, à l'époque de

Verticalement

1. personne qui fournit des marchandises
2. article indéfini
3. route bordée de maisons
4. ouverture dans le mur d'une maison
5. Deux lignes qui se coupent forment un … .
6. C'est au tribunal que les … ont toujours lieu.
7. Il vient … Portugal.
8. avoir le courage, risquer
9. pronom réfléchi
12. fleuve dans le sud-ouest de la France
15. simple, qui croit tout ce qu'on lui raconte
16. ils … sont installés
17. Elle a une écriture qu'on ne peut pas … .
18. effort fait en vue de commettre un crime; Un homme est arrêté pour … de chantage.
19. île française en face de la Rochelle
21. anglais pour *'oui'*
28. partie supérieure du corps de l'homme
29. moment grave dans l'histoire d'un pays
32. à un haut degré, bien, fort: il est … malin.
33. partie du corps
38. tout instrument qui sert à faire un travail
40. animal rongeur, plus grand qu'une souris
41. rivière qui se jette dans la Seine près de Paris
42. adverbe de négation
44. voir 3. (verticalement)
45. ce qu'on marque dans un match de football
46. Le … du commissaire est Roussel.
47. pointe de terre qui s'avance dans la mer
49. métal précieux jaune
50. article défini au pluriel
52. pronom démonstratif

Vocabulaire

A

abattre	erschlagen
absence *f*	Abwesenheit
accusation *f*	Beschuldigung
acier *m*	Stahl
acquérir	erwerben
acquisition *f*	Kauf
admettre	zugeben
administrateur *m*	Verwalter
affolé, e	verwirrt
affreux, -se	schrecklich
s'aggraver	verschlimmern
ahuri, e	verdutzt
amateur	Freund (e. Sache)
animal domestique	Haustier
armé, e	bewaffnet
arrestation *f*	Verhaftung
asphyxier	ersticken
assassiner	ermorden
assurer	versichern
authentique	echt
aveugle *adj*	blind
avouer	gestehen

B

bavarder	plaudern
bégayer	stammeln
biens *m/pl*	Gut
bistro(t) *m*	Kneipe
boucle *f*	Schnalle
boueux, -se	schmutzig
bouleversé, e	erschüttert
brique *f*	Ziegelstein
but *m*	Tor

C

cadavre *m*	Leiche
cambriolage *m*	Einbruch
cambrioler	einbrechen
car	denn
cas *m*	Fall
le cas échéant	gegebenenfalls
célibataire *m*	Junggeselle
cellule *f*	Zelle
chantage *m*	Erpressung
faire chanter	erpressen
chauve *adj*	kahl
chuchoter	flüstern
cidre *m*	Apfelwein
coffre-fort *m*	Safe
coffret *m*	Cassette
coïncidence *f*	Zufall
collaborateur *m*	Mitarbeiter
commettre (un vol)	begehen
commissaire-priseur *m*	Versteigerer
comportement *m*	Verhalten
comptable *m*	Buchhalter
compte *m*	Konto
passer en compte	verbuchen
confiance *f*	Vertrauen
confier	anvertrauen
confirmer	bestätigen
consternation *f*	Betroffenheit
contenu *m*	Inhalt
coupable *m*	Schuldiger
au cours de	im Verlauf
couvercle *m*	Deckel
crime *m*	Verbrechen

D

débuter	anfangen
déconcerté	verwirrt
dégât *m*	Schaden
se dégrader	sich verschlechtern
dépôt *m*	Bodensatz
désespéré, e	verzweifelt
désigner	hinweisen
détrempé, e	durchnäßt
dette *f*	(Geld)Schuld
deviner	erraten
empreinte *f* digitale	Fingerabdruck
au dire de	wie man behauptet
discours *m*	Rede
être à la disposition	zur Verfügung stehen
dispute *f*	Streit
distribuer	verteilen

divorcer	sich scheiden lassen
domaine *m*	Landsitz
animal domestique	Haustier
dos *m*	Rücken

E

le cas échéant	gegebenenfalls
s'écouler	ausfließen
écurie *f*	Pferdestall
effaré, e	bestürzt
efficace *adj*	wirksam
effroyable *adj*	fürchterlich
s'emparer de	sich bemächtigen
empreinte *f* digitale	Fingerabdruck
vente aux enchères *f*	Versteigerung
engager qn	einstellen
entourer	umgeben
entreprise *f*	Betrieb
entrouvert, e	halboffen
épargner	schonen
éparpiller	verstreuen
escroc *m*	Betrüger
espion *m*	Spion
établissement *m*	Betrieb
étalage *m*	Auslage
vol à l'étalage *m*	Ladendiebstahl
état civil *m*	Personenstand
événement *m*	Ereignis
s'exclamer	ausrufen
exclure	ausschließen

F

en faveur de	zugunsten
fiancé, e	verlobt
flacon *m*	Fläschchen
flanquer dehors *fam*	hinauswerfen
(de) force	mit Gewalt
fouiller	durchwühlen
fournir	liefern
fournisseur *m*	Lieferant
furtif, -ve	verstohlen

G

générosité *f*	Großzügigkeit
gueuler *fam*	brüllen

H

'hasard *m*	Zufall
hériter (de)	erben
héritier *m*	der Erbe
hésitant, e	zögernd
honoraires *m/pl*	Honorar

I

agent immobilier	Makler
incendiaire *m*	Brandstifter
incident *m*	Vorfall
inquiet, -ète	unruhig
inscrire	eintragen

J

jurer	schwören

L

lapin *m*	Kaninchen
libérer	befreien, entlassen
lieux *m/pl*	Tatort
liquide *m*	Flüssigkeit
lors de	anläßlich

M

maçonnerie *f*	Maurerarbeit
manifestement	offenbar
chambre mansardée	Dachzimmer
maître-chanteur	Erpresser
marche *f*	Stufe
matériaux *m/pl*	Baumaterial
au maximum	höchstens
mémoire *f*	Gedächtnis
méticuleux, -se	pedantisch
meurtrier *m*	Mörder
moindre (le)	am geringsten
murmurer	flüstern

N

négociateur *m*	Vermittler
nier	leugnen

O

s'opposer à	sich widersetzen
outil *m*	Werkzeug

P

parcelle *f*	Grundstück
passer en compte	verbuchen
passe-temps *m*	Zeitvertreib
pendule *f*	Wanduhr
pénétrer	eindringen
pensif, -ve	nachdenklich
perplexe *adj*	verlegen
perroquet *m*	Papagei
persuader	überreden
pharmaceutique	Arznei-
plausible *adj*	glaubhaft
poignée *f*	Türgriff
porter sur	handeln von
en possession de	im Besitz
se précipiter	sich stürzen
prétendre	behaupten
preuve *f*	Beweis
prévention *f*	Verhütung
prison *f*	Gefängnis
probité *f*	Redlichkeit
procès *m*	Gerichtsprozeß
prouver	beweisen

Q

querelle *f*	Streit
querelleur, -se	streitsüchtig

R

rayer	streichen
réclamer	fordern
récompense *f*	Belohnung
réfuter	widerlegen
régner	herrschen
remettre	aushändigen
réputation *f*	Ruf
résoudre	lösen
retraite *f*	Pension(ierung)
rideau *m*	Vorhang
rôder	umherschleichen

S

salle à usages multiples	Mehrzweckhalle
sangloter	schluchzen
simuler	vortäuschen
société exportatrice	Exportfirma
sol *m*	Boden, Erde
sombre *adj*	düster
somnifère *m*	Schlafmittel
soupçon *m*	Verdacht
soutenir	unterstützen
stupéfait, e	verblüfft
se suicider	Selbstmord begehen
au sujet de	im Hinblick auf
supplier	anflehen
survenir	plötzlich geschehen
suspect, e	verdächtig

T

témoignage *m*	Zeugenaussage
témoin *m*	Zeuge
tenir un discours	Rede halten
tentative *f*	Versuch
(avoir) le trac	Lampenfieber haben
se trahir	sich verraten

U

urgent, e	dringend
salle à usages multiples	Mehrzweckhalle
usé, e	abgenutzt

V

veille *f*	Vorabend
vente *f* aux enchères	Versteigerung
verser	auszahlen
veuf *m*	Witwer
vivant, e	lebendig
à voix basse	mit leiser Stimme
vraisemblable	wahrscheinlich